ブレインジム

発達が気になる人の12の体操

神田誠一郎

農文協

Brain Gym®(ブレインジム)は
教育キネシオロジー財団/ブレインジムインターナショナルの登録商標です。

まえがき

子育ての最中のみなさん、そして、毎日子どもたちと接している学校の先生方にお尋ねします。子どもたちがストレスと闘いながら、それでも学びに取り組もうとしている、そんな場面に居合わせたときに、みなさんは、その子どもたちにどんなメッセージを送りたいですか？「できるまでがんばれ！」と応援しますか？ それとも「わかるまで遊んではいけない！」と叱りますか？ 目の前にいるお子さんが、「できる限りのことはやっているのに、私にはわからないことがたくさんある」と思っているような素振りが見えたとき、「頭がすっきりしてきて、集中して目の前の課題に取り組めるようになる体操があるんだけど、一緒にやってみない？」、そんな声掛けをしてあげられたらうれしくないですか？

この本は、そのような状況を想定しながら、以下のような方々に向けて書きました。

①子どもたちの学びが、もっと楽しくなるように応援したいと思っている大人の方（学校の先生や保護者の方々）

②学びにストレスを感じたり、人付き合いが苦手だったりして苦労しているが、自分の生活を、今よりももっと安心して楽しいものにしていきたいと感じている方

③将来の子育てに、明るく前向きなイメージを持ちたいとお望みの方

主に以上の三つの条件のどれかにあてはまる方に向けて、私たちが日々体験している「動くことは、人の成長を力強く支えてくれる大きな助けだ！」という感覚を共有していただきたいと願って、本書を書きました。

本書の主な内容は、横浜にあるフリースクール楠の木学園で、二〇〇七年頃から教育活動に取り入れてき

たブレインジムという体操が、学校での学びに大きなストレスを感じて、つらい思いをしてきた子どもたちに、どんな効果をもたらしてきたのか、その様子を書いたものです。

生徒たちは、誰にでもできるシンプルな動きを繰り返しているうちに、以前は「自分にはとても無理だ」と感じていた課題に、「大丈夫、きっといい学びができるから、ベストを尽くそう！」と、前向きで朗らかな姿勢で取り組めるように、少しずつ変わってゆきました。

体操の効果は、実際に動いて、身につけた人にのみ現われます！　ですから、まずはみなさんが、見よう見まねでいいですから動きを試してみてください。反応の速い人は、その場ですぐに変化を感じます。ゆっくり学ぶタイプの人でも、一週間ほど続ければ、頭がすっきりして、やるべき課題に以前よりも楽に取り組めるようになっている自分に気づいていただけると思います。

そして、本書の内容を行動に移して、自分の変化に気づいたら、次は自分の周りで、その動きを必要としていると思われる子どもや大人たちと一緒に動いてみてください。ブレインジムは、グループでやると、一人でやるときよりも、はるかに短時間でパワフルに動きの効果が現われます。私たちの体は、伸び伸びと動かしてあげることで、安心して笑顔で学ぶ力と結びつくように創られているのです！　どうぞみなさん、この本は動きながら読み進めてください。

神田誠一郎

目次

第Ⅲ章 発達が気になる人に特有の原始反射の動き

第Ⅳ章 ブレインジムをすると何が変わるのか？
——生徒たちが見せてくれた成長と変化

本文イラスト：アルファ・デザイン

第Ⅰ章

ブレインジムとの出会い

ブレインジムは、一九七〇年頃のアメリカで始まりました。学びに取り組むことがスムースにいかない子どもたちをサポートする教育活動のなかで発見された効果的な体操やセルフマッサージのやり方が、体系づけられたものです。一度覚えれば、準備のための時間も、そこで使う道具も用意するものは必要ありません。子どもたちとシンプルな体操を繰り返すだけで、学習に向けて心と体を集中することができるので、その手軽さが評価され、現在、世界八〇カ国で、そのやり方が翻訳されて教育に取り入れられています。

日本でも、教室に座って一斉授業を受けることに耐えられない子どもたちの数は、年々増え続けています。この事実は多くの方の知るところだと思いますが、ブレインジムは、日本でその存在を知られるようになったのはほんの一〇年前からなので、そのような学びがスムースにいかない子どもたちの役に立つ機会が、まだまだ少ないことが残念です。

最初に、この「学びのための準備体操＝ブレインジム」をとても必要としている子どもたちを応援するために、二〇年ほど前につくられたフリースクールの様子を紹介させていただきます。独自の教育方針で活動してきましたが、思えばそこには、ブレインジムの精神とつながる必然性がありました。

始まりはフリースクールから

新横浜は、新幹線が停まる大きな駅なので、きっとご存じの方も多いことと思います。しかし、横浜線で新横浜駅の隣りの駅である「小机」という地名を知っているという人は、よほどの鉄道ファンでもなければ、珍しいのではないでしょうか。駅のホームに降り立つと、新横浜駅の喧騒がうそのようです。「昔のこの辺は、城の周りの郷と書いて、城郷って呼ばれたんだよ」と、地域の方が言われるとおり、すぐそばに小机城址公園があり、市民の杜の緑が人の心を和ませてくれます。ちょっと懐かしい気持ちになれる落ち着いた町です。

小机駅の改札を出てすぐのところにある城郷小机地区センターの玄関前に立ち、はす向かいを見ると、本書の舞台となるフリースクール楠の木学園の白い建物が見えます。楠の木学園に通ってくる生徒たちの多くは、小中学校では楽しく過ごしたり学んだりすることができなかった、という人たちです。中には文字にできないようないじめに遭ったり、不登校を長く経験している人も少なからずいます。

「学校で居心地のいい場所が見つからないなら、わが子のために、そして、同じような境遇の子どもたちのために、学び舎をつくろう！」と行動を起こした親たちの活動に賛同してくださった教師や会社の経営者、ボランティアやその他たくさんの方々の善意に支えられて、楠の木学園はつくられました。一九九三年のことです。

自分のペースで学ぶ場

楠の木学園では、みんな「誰だって楽しく学ぶ権利があるはずだ！」と考えています。そして、その権利が守られるために、子どもたちがストレスに追い立てられながら学びに取り組むことがないように環境を整えようと、スタッフは日々、心がけています。

ここでは、生徒たちは授業に疲れたときは、各自休憩をとっていいことになっています。イライラした気持ちが湧き起こってきたり、元気が出なかったりするときは、授業をパスする権利も認められています。それでは、「授業に参加する生徒がいなくなってしまうのでは？」と、よく質問されますが、楠の木学園の先生たちは、何々しなさいといった指示や命令はしませんが、お誘いはしています。「今日はこんなことをやります。あなたが授業に参加してくれたらうれしいです」と、声を掛けるのです。授業に出てもパスしても、先生たちは「みんなで今日も楽しく学びましょう！」と声を掛け続けます。

新学期が始まってすぐの頃は、空き教室で休んでいる人もちらほらいますが、五月頃から、なんとなく授業に参加する人が増えてきて、夏休み前には、みんな教室に顔を出してくれるようになります。嫌なら無理しなくてもいいとわかると、生徒たちの間には安心感が広がってくるのです。「教室にいて座っているだけでもいいですか？」と聞かれたりすることもあります。みんな楽しそうだから様子を見に行きたいけれど、もし先生に質問されてうまく答えられなかったら、笑われたりするのがこわいのだそうです。質問に答えるのが嫌な人は、「パス！」と一言いえばいいと教えてあげると、みんなぱっと表情が明るくなります。

安心すると笑顔が増えます。「うぜぇ、つまんねー、興味ねー！」と、自分を守っていた人たちも、「授業に出ることは、別にいやじゃないから」と、おだやかな口調に変わってきます。楠の木学園に見学にいらした方の多くが、「明るく挨拶してくれる礼儀正しい生徒さんたちですね」と口々に言って、「学校に通えない子どもたちの集まるフリースクール」に対してもっていたイメージとの違いに驚かれます。

がんばらなくていい！

私たちが、日頃何気なく発する言葉が、子どもたちの心には重くのしかかるように響いてしまうことがあります。例えば、「がんばれ！」と、自分が一日に何回くらい口にするか数えてみてください。この言葉が効力を発揮するのは、あと少しで目標に到達しそうだと、本人が感じているときに限られるのかもしれません。そのことに気をつけないと、まったく悪気はなくても、生徒たちのストレスの元になりかねないのです。

漢字の書き取りをして覚えようとしても、時間内には終わらないので、休み時間も我慢して続けていたのに、それでも終わらなかった。そして、次の時間は算数の計算、でも、やっぱり同じようにわからないことがたくさんあって、うまくいかないことが積み重なっていきます。そして、宿題を山のように持ち帰ることになります。肩を落として情けない気持ちでいるのに、家に帰ったら、今度は家族にも「がんばれ！」と激励されたとしたら、どうでしょう。「これ以上、どうがんばれっていうんだ！　今まで何とかクラスのみんなと同じようにやろうとして、毎日へとへとになるまで机に向かってきたけど、それでもやっぱり俺は、みんなど同じようには勉強についていけなかった。ここでもあんたは俺にがんばれって言うのかよ！」。そんな心細くてつらい思いをしている人が、実はけっこうたくさんいるのです。

もし、涙ながらにそう訴えられたら、どう答えればいいでしょう？　それでも、「がんばれ！」と励ましますか？　それとも、一緒に泣いてあげますか？　楠の木学園では、例えば、こんな答え方をします。「自分が楽に取り組める速さで学んでいきましょう。わからないことがあったら、聞いてください。そして、もし忘れてしまったなら、また聞きましょう。何回でも納得するまで聞いてください。先生たちは喜んであなたの質問に答えます。なぜなら、私たちはみんな楽しく学ぶ権利があるからです」。がんばらなくてもいい環境は、子どもたちが安心して学べる場を確保するための大きな柱だと、私たちは考えています。

上手に間違える!?

間違えることを恐れずに、わからなかったら繰り返して質問する権利が認められると、子どもたちは、ほっとした表情を見せてくれることが増えてきます。間違えるということは、そこで自分がわかっていないことが明らかになることです。何が自分の理解できていることで、わかっていないことは何なのか？　それを明らかにしていけるチャンスが到来しているのです。困ることなど、何もないのです！　前に進もうとしているあなたは、いつもそうしているように、普通の自分でいればいいんです。

そんな話掛けをしていると、「へー、そうなんだ」と、みんな、身を乗り出して聴いてくれるようになってきます。やがてみんな、自分だけでは答えが見つからずに困ったときは、素直に、「わからないから助けてください」と、声をあげられるようになります。みんな間違え方が上手になってくるのです。

美しさに感動する心

楽しく学ぶことが大切だという考えに賛同いただいたら、そのためには、いかに学べばいいのかという話になってきます。学びの先には、生きる・働くという長い人生のときが待っています。簡単に日々の生活に飽き飽きしないためには、何が必要でしょう?

もちろん答えは人によって違うかもしれませんが、そのうちの一つは、「美しさに感動する心」ではないかと、私たちは考えます。『夜と霧』の著者ヴィクトール・フランクルは、自らの体験を通して、アウシュヴィッツの強制収容所に閉じ込められて生き残った人たちの三つの共通点について語っていますが、その一つが、「夕焼けを見て美しいと感じられるかどうか」でした。この本をごらんになっているあなたは、昨日の夕方の空を見て、どう感じたか記憶を辿ってみてください。美しさを感じる心を保ちながら生きることは、人間として豊かな生き方を望むのであれば、譲れない条件の一つだと私たちは考えます(ちなみにあとの二つは、確か「ユーモア」と「なけなしの食べ物を仲間と分け合えるかどうか」だったと記憶しているのですが、ここまで書いて、実は私も、昨日の空の様子をよく覚えていないことに気づきました!)。

死と隣り合わせの収容所にいて、それでも美しさに関心を持ち続けるためには、きっと精神のしなやかさを必要としたことでしょう。自分がもしその場に居合わせたら、それでも「ああ、きれいだなあ」と言えるかどうか自信はありませんが、人生のどんなときにも、生徒たちには、美しさに対する感受性を、自分の中に育て続けてほしいと願っています。

創作活動に潜む癒しの力

生徒たちの美しさを感じる心を育てるためには、きれいなものを味わったり、表現したりすることが大切です。ですから楠の木学園では、演劇、和太鼓、朝鮮太鼓、調理実習などの必修科目があります。そして、音楽と美術には、シュタイナー教育の芸術療法を取り入れています。

ルドルフ・シュタイナーは、美しさに感動する気持ちと共に学ぶことが、現代を生きる人間にふさわしい学び方だと言っています。絵を描いたり、歌を歌ったりといった創造活動の中には、心と体のバランスを整えてくれる癒しの力が息づいているのです。繰り返し楽しんで味わうことができる芸術的な本質と慣れ親しんでゆくと、美しさへの感受性が目覚めてきます。「この絵のここのところを、赤紫じゃなくてもっと青を濃くしていったらよかったかなあ、先生どう思う?」と聞かれたりすると、生徒たちの目の輝きに驚きながらも、自分の感性の乏しさに気づかされて、困ったようなうれしいような複雑な気持ちにさせられます。

美しいものを喜ぶ感覚は、現代を生きる私たちにはなくてはならない、人生を豊かにしてくれる大切な要素であると考えます。

それでも学びに伴う独特な困難

追い立てられることもなく、自分の速度で学ぶ権利を認められ、自己を表現したり美しいものへの興味をかき立てられたりすることで、多くの生徒たちが、ゆっくりと少しずつ前に進む勇気を見せてくれるようになってゆきます。しかし、読んだり、見たり、書いたり、聞いたり、話したりする、いわば学びのベースとなるような活動の際に、独特の滞るような反応を見せる生徒たちを励ましながら共に学んでゆくなかで、彼らが抱えている学びに関する困難について、何かもっと深く理解できるやり方はないか? という思いが湧き起こることが頻繁にありました。

また、生徒たちは勉強だけでなく運動に関しても、そして、人とのコミュニケーションについても独特のあり方と困難を抱えていました。「楠の木学園の今の学びでかなりいいことができているはずだけど、生徒たちがもっと輝くことができるようになるために何かできないかなあ」、一〇年ほど前の私は、そう考えていました。

頭と体を活性化させる体操

そんなときに、シュタイナー教育を学ぶ友人からお誘いを受けました。イギリスのシュタイナー学校の芸術療法士養成所で、ある先生から、ブレインジムという体操を教わったことがあるのだが、その先生が日本に立ち寄るので、せっかくだからどんな体操なのか話を聞いてみませんかと言うのです。シュタイナー教育の仲間と楠の木学園スタッフ十数名が輪になって、その先生をお迎えしました。

先生の話では、誰にでもできる簡単な体操の動きを繰り返しているうちに、読字障害やコミュニケーションの問題が改善されてゆくと言うのです。この先生は、オーストラリア出身の方です。「イギリスと故郷を年に何度か往復するので、途中で日本に来て教えることもできるよ」という申し出がありました。とりあえずは試しにやってみようと、当時の私は軽く考えていました。ところが、この体操を繰り返して身につけてゆくうちに、自分の内側が少しずつ変わってゆきました。ふと振り返ったときに、それまでの決していいことばかりでない自分の過去に対して、「よく生き抜いてきたね、偉かったね」と、自分自身に声掛けできる自分がいることに気づかされるようになってきたのです。

体操といえば体を元気にさせる、というイメージを、多くの方が、きっとお持ちだと思います。しかし、私の感じたところでは、ブレインジムは頭と体のつながりを活発にしてくれるものです。自分を鍛えて、強くたくましく育てるのではなく、今ある自分を喜んで受け止めて、さらに楽しく幸せになるために行なうと効果的です。

学びのための準備体操であるブレインジムを、私は少しずつ楠の木学園の生徒たちと試し始めました。その効果については第Ⅳ章で紹介させていただきますが、その前に、子どもたちの学校での適応を難しくしている彼らの感覚、外界との関わり方について、紹介させていただきます。なぜかというと、健常と障がいの境目というものは実はないかもしれなくて、現代を生きる私たちは、多かれ少なかれ困ったところを持ち合わせているのだという点を、共に意識してゆきたいからです。

将来、子育てを予定していらっしゃる方も、ぜひご覧ください。

第Ⅱ章

発達が気になる人たちの感覚世界

横浜界隈の小中学校から、ブレインジムの出前講座の依頼をいただいた折には、体操のやり方をお伝えしながら、一斉授業についてこられない子どもたちの様子についてお尋ねするようにしています。統計学的に調べているわけではありませんが、そんな子どもたちの数がどうも増えているぞと答える先生方が、圧倒的に多数です！　社会の急激な変化は、子どもたちの成長にも、私たちの想像を超えたレベルのストレスを及ぼしているのかもしれません。

子どもたちは悪意があって、先生の話を聞かないのではありません。立ち歩いたり、椅子にだらしなく座っていたり、姿勢が悪かったりするのも、そうしようという意志をもってやっているのではなく、自然とそうなってしまうのです。いわば、気づいたら自動的にそうしているのです。板書をノートに書き写すのに人の何倍も時間がかかるのは、やる気がないからではなくて、精いっぱいやっているのにそうなってしまうのです。

一番誤解を受けて苦しんでいるのは、一見、先生方や親御さんの目には普通に映っている子どもたちです。言葉でやり取りができているはずなのに、要求された答えを返してこない不届きな奴らと見られてしまうことが多いのです。往々にして彼らは、「やる気がない、怠けている、反抗的だ」と誤った判断をくだされてしまい、先生からは叱られ、クラスメートからも仲間外れにされるというような待遇を受けています。

楠の木学園に通ってきてくれる生徒たちの多くが、そんなつらい環境を生き延びてきた、いわば生存者です。生徒たちと共に学ぶなかで、彼らの様子を見て気づいたり、直接、聞き取ってわかってきたりした彼らの感覚体験について紹介させていただきます。

1 独特な見え方がある（視覚）

❖ 白い紙はまぶしすぎる！

「カーテン閉めて、まぶしい！」、冬の曇った日でもそう言う人がいます。また、「紙がまぶしくて見られません。もっと見やすい紙じゃないと書けません」と言う人もいます。彼らには、青や緑色の紙のほうが、比較的見やすくて、まだ楽に感じられるようです。それではと、サングラスをかけてもらおうとしても、慣れないものが体に触れることが気になって、彼らには耐えられません。そんなことをしたら、とても勉強に集中するどころではなくなってしまうのです。

私たちが普通に感じる照明の明るさでも、十分にストレスに感じる人がいます。そういう人は、白い紙の上に書かれた文字は、あちこちキラキラ反射して見えるのだそうです。壁の色もあまり明るいと、そこに反射する光が、目の疲れを引き起こす元になります。壁紙の色もできることなら、あまり明るい色ではなく、落ち着いた青や緑色がよさそうです。

偶然のことですが、楠の木学園の教室の壁は、腰板の辺りまでが板張りです。これは彼らにとってはありがたいことでした。窓際に座るよりも廊下側の壁際のほうが、光のちらつきが少ないので、本やノートを見るときに楽なのだそうです。ですから、席替えのときに、もし選べるものならば、彼らには、窓側の光がたくさん入るところよりも、通路側に座ってもらいます。

照明も、できることなら白熱灯のほうが、文字を読むのに楽だという人が多くいます。彼らには蛍光灯やＬＥＤの青白い発色は、反射がきつくてつらいと感じられるのです。蛍光灯の光を、直接、見ていると、頭が痛くなるくらいにつらいという人もいます。しかし、白熱灯のほうが楽な人がいるとわかっていても、さまざまな事情で、照明を全部取り替えることは、なかなかできません。これからも、まず間違いなく大型店舗やオフィスビルの明かりはＬＥＤだけになってゆくと思われますが、せめて自宅の灯りを替える機会には、視覚に過敏な反応がある人がいるお家では、気をつけてあげてほしいと思います。

ちなみに、サングラスも、気に入ったものが見つかれば慣らしていって使えるようになりますので、まぶしさに敏感な方は、外出の際にも一つ持っていると、ありがたいアイテムかもしれません。室内でも薄い青色のレンズのメガネをかけ続けている人もいますので、もしまぶしいのが苦手なお子さんに気づかれたら、

メガネ屋さんで気に入ったものがないか、探してみるのもいいかもしれません。
このタイプの人は、繊細な感性が作動しすぎるくらいに、いつも周りを感じ取っているようなので、メガネといえども、気に入らなければ頑として嫌がることも考えられます。逆に、お祭りの縁日で売っているようなぺらぺらしたものでも、気に入れば、それを手放そうとしなくなることもありえます。私は、そんな繊細な人たちに対して「そんなことくらい気にしなくていいじゃない」と、何年にもわたって言い続けているうちに、ひょっとして自分のほうが乱暴なだけなのかもしれないと、思えるようになってきました。
たとえて言うならば、原始人の私は毛深いので、夏の焼きつけるような日の光を受けても何ともありません。ところが、文明人の生徒たちは色白で、日焼けに慣れていないので、日傘やサングラスなしに外に出たら、やけどで全身真っ赤に腫れ上がってしまうかもしれないのです。強い日の光に耐えられないことは、悪いことではないはずです。

ここまで読んで、そういえば自分にも、と似たようなエピソードを思い出しているあなた！　あなたの感覚は、過敏なくらいによく作動しているだけかもしれません。

自分が持っているその繊細すぎるくらいの感覚を、社会のためにうまく働かせれば、例えば、色と光が、まるで洪水のように渦巻いている渋谷の駅前を、もっと落ち着いた慎みのある風情に変えていけるかもしれません。ピンチの裏面には、必ずチャンスが隠れているものです。「なんで自分はこんなことが気になってしまうんだろう」なんて、嘆く必要はありません。今の自分をまっすぐ素直に活かして、例えば、こだわりのある色と光のデザイナーを目指すなら、それは、きっとあなたにしかできないことです。

❖文字を読むときに目がぎくしゃくする

ひらがなを読めるようになって、漢字の混じった本を読み始めた頃の自分を思い出してみてください。

声に出して文字を読むことに集中していると、行を飛ばして読んでしまっても、自分ではそれに気づいていない、というようなことはありませんでしたか？当然、文の意味はわかっていないのですが、読むことに精いっぱいなので、自分が内容を理解していないことにも気づかないのです。単語を飛ばして読んでいる人もいますし、「楠の木学園」を「くすのきが、くえん」と音節の区切りを独自に発明してしまう人もいます。

どうやら文字でいっぱいの本の上を、ていねいに一行ずつ文字を追いながら、両目で焦点を合わせ続けることが、まだ難しいようです。ですから、行を飛ばさないように読むためには、今読んでいるところを指でたどることが大きな助けになります。指で目の動きをガイドしてあげるのです。

私も読書に興味が持てないときや眠気がさしたときには、指でたどらないと文字が読めなくなることがあります。けれども、どうやらこの目の動きのぎくしゃくする感じが、本を読むときにはいつも起こっている人がいるのです。左右両方の目を同時に一点に集中させて、なめらかに文字を追えていない場合に、この行飛ばし現象が起きやすくなるのです。こうした現象は、子どもに多いのですが、大人になっても、両目の協調した動きに困難を抱えている人もいます。目の動きが楽にできていないと、「目が渇いてきて痛くなる」「チカチカして見える」「本を読み始めると途端に頭痛がする」というような現象も起きやすくなります。

❖行の真ん中が読みづらい

数学や理科の教科書は、横書きです。ある生徒は、がんばって読もうとすると、行頭の一語くらいは何とか読み取れるのですが、真ん中辺りから先は読み取れず、声が出ません。昔むかしではじまるおとぎ話の決まり文句を読んだとしたら、「昔むかし……いました」といった調子になってしまいます。ふと彼の目を見ると、しきりにまばたきしています。一秒間に三回くらいは、パチパチやっているのではないかという速さです。そして、驚いたことに、本人には、自分がまばたきをしているという自覚がないのです。まるで文字を読むのを目が拒否しているかのような、この無自覚の

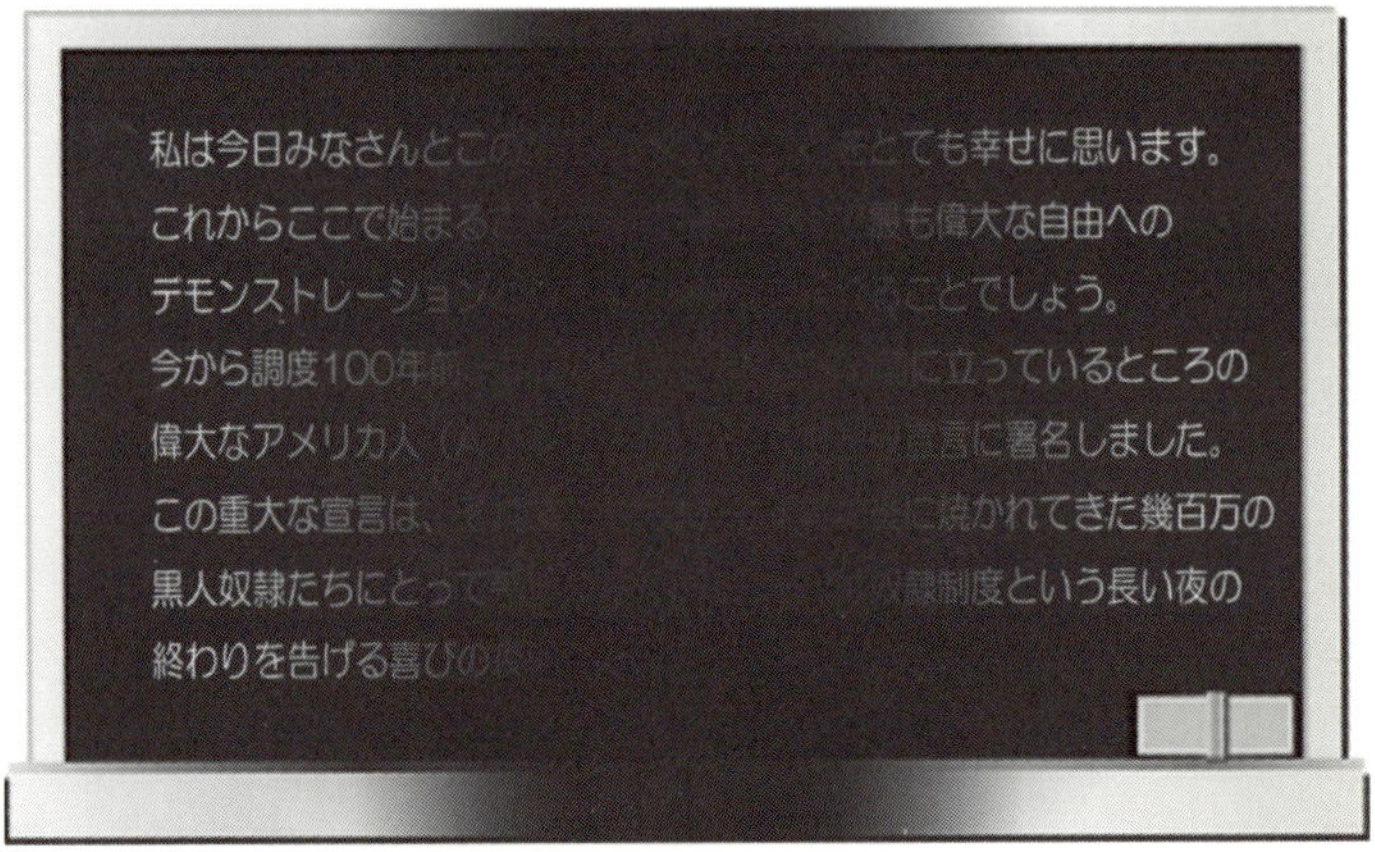

図１　黒板の真ん中の文字が見えていない人がいる

高速まばたきを、本がうまく読めないと言っているほかの生徒たちも、やっていることがわかってきました。読むスピードが目立って遅かったり、音読が不明瞭

な子がいたりしたら、横に立ってその子の目を見てあげてください。もしひんぱんにまばたきしていたら、自分の鼻の先の辺りの文字、本の真ん中辺りの文字は見えていないのかもしれません（図1）。見えてないのだから読めなくても当たり前なのですが、彼らの学びをサポートする側が、このことに気づかないと、つい「がんばってしっかり読みなさい」と言いたくなってしまいます（まるで前述の毛深い原始人のようにです）。

❖目線が飛んでしまう！

本を読むときの目の動きで、もう一つパターンがあります。やはり、横書きの本を左から右へと文字を追っていくときに、両目が真ん中辺りをピョンと飛び越えてしまうのです。まるで二つの磁石を近づけたときのように、行の始めから終わりへと、自動的に目線が飛んでしまう人がいるのです。

この「目線飛ばし」が起こっている人たちも、やはり、自分の目が本の文字を追ってなめらかに左から右へと動いていないことに、気づいていませんでした。指で目の動きをガイドするほかには、色のついた下敷きを、今読んでいる行に沿って置いてあげることも、文字を読む助けになりますので試してみてください（下敷きの色は、赤よりもやはり青や緑色がいいようです）。

❖文字が点滅したり動いたりするように見える

「文字がチカチカして読めません」。まるで壊れかけた蛍光灯のように、文字が点滅して見える人がいます。文字がグニャグニャと動いて見えるから、本を開くと気持ちが悪くなる、という人もいます。これらの不思議な見え方は、やはり、紙面の中央付近でよく起こります。もし、これがいつでも見られる現象だったら、眼科医に診てもらおうと思うのでしょうが、本を開いたときにだけ起こるとなると、人に話してもなかなか信じてもらえないかもしれません。目を開けていることが辛いと言って、頻繁に目をこすったりしていたら、それは恐らくＳＯＳのサインです。

気をつけてあげたいのは、本人はこれらの不思議な

見え方が、誰にでも起こる普通のことだと思っているかもしれない、ということです。「なんで文字が動いて見えるって教えてくれなかったの？」と、「文字がチカチカして読めない」と言う生徒に尋ねると、「ずっとそう見えていたから、これが当たり前だと思っていた。なんで誰も今まで聞いてくれなかったんだろう？」と、反対に質問されて困ってしまいました。

もし、読むことが楽しくできていない子がいたら、まずは横に立って読んでいるときの目の動きを見てあげてください。ページの中ほどがうまく読みとれていないパターンだったら、第Ⅳ章で紹介される目の体操（80頁）が役に立つかもしれません。うまく読めないことは、その子が前向きに学びに取り組もうとしていないからではないのかもしれません。「がんばってさえいれば、読む能力は向上するはずだ」とだけ考えずに、ぜひ子どもたちの目の動きに注目してあげてください。

2 全ての音が同時に聞こえる（聴覚）

❖ 拍手がうるさい

今日はT君の誕生日です、おめでとう！　と、みんなで拍手すると、「わっ、うるさい」と、T君は、その横で耳をふさいで、身をすくめています。同じ教室に大きな音が苦手なT君がいるので、生徒たちはいつも彼に気を配って、必要以上に大声にならないように心がけてくれているのですが、うれしいときには、ついそれを忘れてしまうのです。

音に敏感な人たちは、赤ちゃんの泣き声も耐えがたいくらいに辛かったり、幼児のはしゃぐ声が聞こえてくると、ソワソワしたりしてしまいます。足の速い人なら、その場から逃げだす人もいます。みんなできるだけ静かなところにいたいと言います。でも、現実には授業時間に教室に座っている彼らの耳には、いろいろな音が入ってきます。駅に電車が着いた音や、ごみ収集車のモーター音、通り過ぎる人たちの話し声や、

鳥の声が聞こえてきます。そして教室では、黒板の前で先生が話しています。

普通なら、先生の話にだけ集中していればいいと、考えるかもしれません。しかし、彼らの耳には全ての音が同時に聞こえてしまって、勉強に集中するのは、とても難しいことなのです。私からすれば、先生の声以外は、どれも耳を澄まさないとわからないくらいのボリュームなのですが、彼らには、さまざまな音が洪水のように同時に押し寄せてくるように聞こえてきて、必要なことだけに耳を傾けることが難しいのです。

❖聞こえすぎても大変!

興味深いことに、うるさいのが苦手だという人は、往々にして小さな音もよく聞き分けるいい耳の持ち主です。表通りの救急車のサイレン音が近づいてくるのを、いち早く聞き分けるのはいつも彼らです。携帯電話は、呼び出し音が鳴る前に微妙な振動音があるらしく、「先生、電話!」と呼び出し音が鳴る前から教えてくれたりします。

「よく聞きなさい! 一回しか言いませんよ」と、私たちは自分の言葉に注意を向けてほしいときに言いますが、彼らにはよく聞こえ過ぎてしまうことが問題なのです。耳に入るすべての音を〝聞いて〟しまい、必要な話や音だけをふるい分けて〝聴く〟ことが難しいのです。すべての音を〝聞く〟ことと、必要な音だけ〝聴く〟ことは違うのです。音の洪水に疲れてしまったら、イヤーマフ(ヘッドフォンと同じ形状の遮音器具)を使って、一時、周りの音を遮断することが助けになる人もいます。

❖大きな音でも平気なのは

一方、同じ人たちが、大きな音を楽しめることもあります。楠の木学園の和太鼓練習は、夏場でも窓を閉めないと、ご近所に迷惑なくらいの音量なのですが、日頃、さまざまな音に顔をしかめている人が、笑顔を見せながら仲間と呼吸を合わせて一時間授業に参加できたりするのです。音楽の授業でも、落ち着いて合唱に参加できる人がいます。歌を歌ったりや楽器を使って遊んだりする機会が増えてゆくことが、彼らが安心して聞ける場面を増やしていくための一つの手がかりになってくれそうです。

❖耳と脚のつながり

ちなみに聴覚だけ敏感な人というのは少ないようで、うるささに弱いという人は、見ること（視覚）や触れること（触覚）に関しても余裕がないというケースが、多く見られます。それから、彼らの立ち居振舞いに共通しているのは、堂々と力強い歩き方をしている人は、まずいないということです。ソワソワして、いつも周りのことが気になったり、風が強い日には飛ばされてしまいそうな足取りになったりする人が多くみられます。

図2は人の耳の中です。何に似ているでしょうか？外から入ってくる音を鼓膜で受け止めて、さらに、それを内耳に伝えるために、中耳には三つの小さな骨がありまます。私にはこれが人の脚のように見えました。鼓膜と接しているツチ骨が大腿骨で、となりのキヌタ骨はふくらはぎのある下腿の骨、そしてアブミ骨が足首の骨です。人の脚の骨は、体の重さを地面に伝えていますが、耳の中の迷路にある小さな骨（耳小骨）は、音を受け止めそれを聴くための器官＝内耳（迷路）に

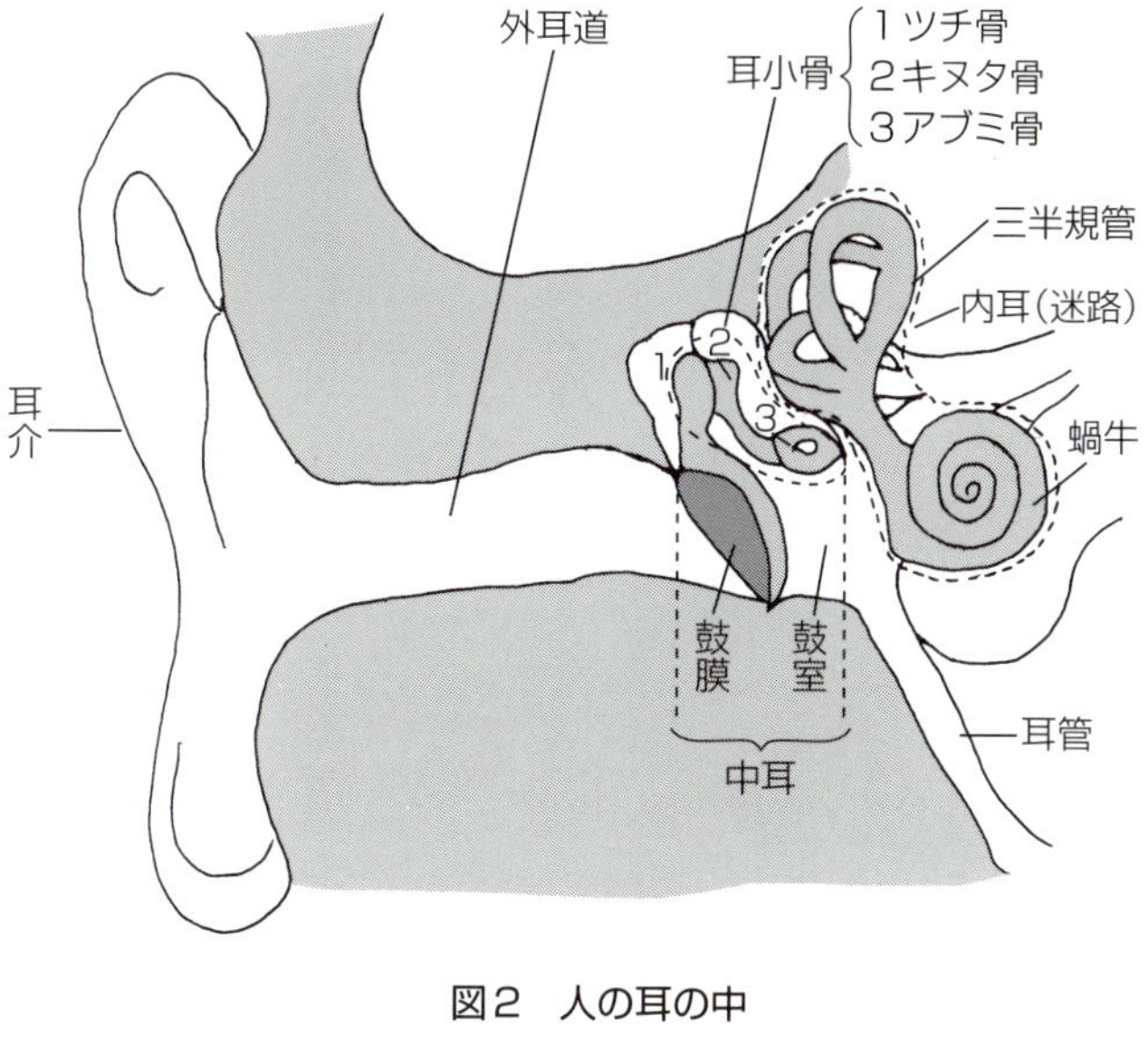

図2　人の耳の中

音を伝えているのです。

私は生徒たちの日頃の様子から、耳がストレスへの耐性に乏しいのだから、ひょっとして形の似ている彼らの脚にも、何か起こっているのではないだろうかと思いつきました。彼らの足の裏やふくらはぎを見せてもらうと、いつも緊張していて硬い凝りがある人が大勢いました。また、逆に弱々しくか細い筋肉の持ち主もいました。どうやら足と聴覚はつながりがありそうです。早速、彼らと足の体操に取り組み始めました。体操をとおして彼らがどう変わっていったかは、第Ⅳ章で書いておりますのでどうぞご覧ください（104、109頁）。

3「触生活」がとても敏感で誤解される（触覚）

視覚を司る眼や聴覚を司る耳と違って、触覚は、そのための器官が全身に分布していることが特徴です。私たちは、これを肌で感じています。中でも触覚が一番敏感なのは、やはり人の指先です。あまり意識されていないことかもしれませんが、日頃、私たちは、この指先の触覚に、視覚の補助をしてもらうことで、周りの世界を効率よく楽に感じ取っています。

例えば、今、私の目の前にある机を触ったところ、ほとんどすべすべしているのに、一点だけざらついているところがあったとします。すると、「ああ、これはさっきここで食事した誰かがこぼした醤油の跡だ」と、その触覚と視覚から分析・推測します。つまり、「触覚＋視覚」は、常に脳の考える機能を刺激してくれているのです。これは脳を育てている時期の子どもたちには、とても大切な活動です。よく考える大人に育ってほしいのだったら、彼らの「触生活」を豊かなものにしてあげるべきだと私は考えます。

❖触るのはいい、でも触られるのはいや

一方、前述した聴覚と同じように、触覚も過敏な子どもたちがいます。子どもたちの成長をサポートする立場からすると、たくさん触って、見てほしいのです。

できれば、赤ちゃんがするように、口で味わうようにして世界と知り合っていってほしいのですが、触刺激に敏感な子どもたちは、何かに触ることにもとても慎重で、そして、往々にしてこわがりです。

「元気⁉」と友だちに肩を軽くたたかれるだけで、飛び上がるほど驚いたりします。面白いのは、彼らは触られることには弱いけれど、自分から触るぶんには楽しめることもあるという点です。お菓子をつくるときに、クッキーの生地がぐにゃぐにゃしているから触れない、といっている同じ人が、庭で見つけたミミズをつまんで、「ほら、先生大きいの見つけた！」と喜んで見せてくれたりするのです（この生徒は小さな生き物が大好きです。それに対して、クッキーづくりは、「やらされている」という感じがあるのでしょうか）。

これは、先ほどの聴覚の話のなかで出てきた、大きな音が苦手でも、自分で演奏している和太鼓の音色は楽しめる事例とも似ています。彼らは自分勝手でも、わがままなのでもありません。自然に、ありのままでいて、体がそのように反応するのです。この点に気づ

いていないと、私たちは、彼らの一見、一貫性がないようにも見える行動ばかりに気をとられて、彼らの感覚世界の実態に気づかず、彼らを苦しめることになります。

❖感じやすい背中

触覚が過敏であるといわれる人たちは、往々にして背中が感じやすいために、苦労しています。まず、彼らは、体にぴったりしたサイズの服をあまり着たがりません。ゆったりとした服でないと体に刺激が強すぎて、落ち着かなくなってしまいます。シャツの後ろについているタグを自分で取ってしまう人もいます。男の子ではベルトをいやがることがよくあります（保護者の方々は、大人とほぼ同じサイズでゴムの入ったズボンを探すのに、苦労するそうです）。それは、ベルトをつけたときに、腰の辺りが締めつけられるように感じるのが嫌なのだそうです。女の子だったら、ワンピースが一番楽なので、小さい頃は、それ以外の服を着たことがなかった、という人もいます。

背中が感じやすい人の中には、足の裏も同じように敏感だという人がいます。彼らには、足の裏をくすぐられるなんて、耐えられないことです。靴下もできることなら履いていたくないので、家に帰るとすぐに脱いでしまいます。夏は、裸足にビーチサンダルで歩いていても人目を引かないので、彼らにとってはありがたい季節です。みなさんの中にも、以上のようなことが、自分の子ども時代にもあった！ と思い当たる方がいるのではないでしょうか？ 成長と共に、この感覚の偏りは薄れていくこともありますが、この感覚の偏りを色濃く、しかも大人になっても、まだしっかり残している人たちもいます。彼らは、生きることに、さまざまな苦労を伴っています。

楠の木学園の生徒たちと共に学ぶなかで強く感じるのは、感覚過敏といわれるような個性的な感じ方があるのだということを、誰もが知っている社会の常識にしていくことの必要性です。例えば、触覚過敏を持っている人に気づいたら、「無理してベルトやネクタイで自分を締めつけなくてもいいですよ」と、いたわり

の気持ちと共に、みんなが心からそう言えるような、人にやさしい社会をつくってゆくことこそが、必要だと思うのです。

❖教室でいい子で座っていられないのは？

敏感な触覚を持ち合わせている人たちにとって、教室で普通に座っていることも、実はすごく難しいことです。教室の椅子は背もたれがついているのが普通なので、それが背中への刺激となって、落ち着いて背筋を伸ばして座っていられないのです。もぞもぞしたり、横向きに座ったりする人もよく見かけます。

そのような様子が先生の目に留まると、当然、いろいろアドバイスされることになります。「よい姿勢を意識して、だらしない（ように見えるかもしれないけれど、本人は普通にしていても自然にそうなる）姿勢にならないように気をつけなさい」と、指導されることもよくあります。この場合は、背もたれのない椅子を用意してあげるのも、ひとつの切り抜け方です。

楠の木学園では、普通の（背もたれがある）生徒用の椅子のほかに、木工の時間に生徒たちがつくったサイコロのような椅子があります。こちらのほうが楽だという人たちは、自分で選んでいいことになっています。不思議なもので、自分で選ぶ自由が認められると、生徒たちは気が楽になるのか、背もたれつきの椅子に座っていても、もじもじしないで座っていられる時間が、少しずつ長くなっていきます。

ところで、触覚が敏感すぎると、その場の雰囲気を肌で感じ取ることは、かえって難しくなるのかもしれません。彼らの多くは、小中学校で、「空気が読めないやつ」と言われてきています。

4 自分の動きを感じとりにくい（運動感覚）

楠の木学園で、苦手な教科について尋ねると、半分以上の生徒が、「体育！」と声をあげます。「だって、今まで体育といったら、マット運動では、前転や側転なんてできないことばかりやらされたし、ドッヂボールはこわいだけだったし、リレーのときは、お前がいるから負けるって言われたし……」と、みんなつらい時間を何とか生き抜いてきた様子を語ってくれます。

ところで、生徒たちの多くは、自分は運動神経が鈍いから体育が苦手なんだと思い込んでいます（ひょっとすると、みなさんの中にも、この混乱に気づいていない人がいるかもしれません）。運動が得意な友だちみたいに、格好よくバスケットボールでシュートを決めたり、縄跳びでダブルダッチができるようになったりしたいと思っても、イメージどおりに体を動かすことができないのは、自分の運動神経が鈍いせいだ、と考えているのです。

しかし、私が生徒たちの様子を見ていて感じる現実は、ちょっと違います。彼らは、往々にして、がんばりすぎてしまうのです。全身の筋肉を、必要以上に緊張させてしまっているので、自分の体の動きを感じ取る余裕がないのです。うまく機能していないのは、脳から全身に送り出される運動の指令ではなくて、自分の体の動きを感じ取る運動感覚のほうなのです。

例えば、腕を伸ばすというシンプルな動きひとつを見ても、すばやく無駄のない動きを見せる人は、必要な筋肉以外はリラックスしています。これに対して、「自分は運動神経が鈍いのかも」と思っている生徒たちはどうかというと、腕を伸ばす筋肉と縮ませるための筋肉の両方に力が入っているのです。実際にやってみるとわかりますが（試す人は自己責任でお願いします）、これはすごく疲れる体の使い方です。ちょっと続けていると、関節に痛みを感じることもあります（野球だったら肩の故障につながりかねないし、テニスなら肘を壊すかもしれません）。いわゆる力んだ状態です。

このままで、自分の腕の動きを感じ取ろうとしてみてください。リラックスしているときには、目をつぶってもわかっていたはずの腕の位置や関節の角度が、途端に、しっかり目で見ないと安心できないくらいに不確かな感じになってしまいます。運動を楽しめるようになるためには、運動をする自分の体の動きをしっかりと感じ取れるように、できる限り体はリラックスして、上手にサボっていることが大切なのです。そして、それは気づきと学びが行なわれる場で、その人のペースが尊重されてこそ可能なことなのです。

5 めまいがないのにバランスが悪い（平衡感覚）

平衡感覚は、運動感覚と密接につながりを保ちながら機能していますが、この二つは同じものではありません。動きを感じ取る運動感覚のセンサーは、全身の筋肉や関節に分布していますが、それに対してバランスを感じ取る平衡感覚のための器官は、耳の中にあります。乗り物酔いしやすい人は、〝どこで酔うのか？〟といえば、それは内耳（迷路）という場所です（31頁）。

ここに、平衡感覚を司る器官があります。三半規管という言葉を耳にされたことのある方も、きっといらっしゃると思います。三本の管が、ちょうど三次元のグラフを書くときに使われるX、Y、Z軸のように、お互いが正確に九〇度をつくるような形でつながっています。この管の中には、リンパ液と細かい砂粒があって、その揺れを感じ取ることで、私たちは、三次元の空間で、前後・左右・上下を感じ取ることができるのです。子どもの頃に、ぐるぐると回転して自分が動きを止めたあとも、周囲の風景が動いて見えたのは、三半規管の中のリンパ液に慣性の法則が働いて、その後もしばらく動き続けていたからなのです。

自分のバランスが悪いのは、きっと平衡感覚の働きが弱いからだ、と考える人がよくいます。〝だから、自分は転びやすかったり、手や足をあちこちにぶつけて痛い思いをよくしたりするのだ。高いところも苦手だし、丸太の一本橋を渡るなんてとてもこわくてできないのはそのせいだ〟と確信しています。しかし、メニエール症候群のように、三半規管の機能に影響が出るような症状があるなら、めまいがして立っていられなくなったりするのもわかりますが、自分はバランスが悪いと考えている人たちに、いつもめまいやふらつきがあるわけではありません。

楠の木学園で、「自分はバランスが悪い」と信じていた人たちが、平衡感覚を混乱させる反射の影響を受けていた様子は、次の第Ⅲ章で説明します。そして、ブレインジムをすることで、彼らがリラックスして楽しく遊んだり、勉強したりできるようになっていった様子は、第Ⅳ章に書かせていただきます。

6 調子がいいときには感じられない!?（生命感覚、あるいは内臓感覚）

みなさん、今朝の目覚めはさわやかでしたか？　最初に出会った人に、笑顔で「おはよう」と言えましたか？　この質問に答えようとしたときに、私たちがよりどころとするのが、「生命感覚」です。「生命感覚」という言葉を耳にしたことがない方も、いらっしゃると思います。と言いますのも、この感覚は、普段はあまり私たちの意識にはのぼらないからです。英語のあいさつで、「ごきげんいかがですか？」を〝How are you?〟と言いますが、まさにこれは生命感覚の状態を尋ねる問いです。この言い回しは、形式化して使われているので、大概、答えは〝Fine!〟としか返ってきません。

そこで、この「ごきげんいかが」と語りかけるとき、言葉通りに、「今日の私の調子はどうだろう？」と自問するようにして使ってみてはどうでしょうか？　羽根のように軽やかに自分の体を感じられる朝は、生命感覚が、「いい調子だよ」と言っているのです。

しかし、そんな日は、あまり多くはないかもしれません。それとは逆に、例えば、週末につい飲み過ぎて、二日酔いになった朝のことを思い出してみてください。頭はガンガン痛んで、胃はムカムカするし、何とも重たいお腹と全身のあの〝いやあな感じ〟です。私たちはこのとき、胃のある場所を意識することができます。みぞおちの下に、形まではっきりとわかるくらいに、重たくそれは存在しています。

反対に、体調のいいときにはどうでしょう？　まるで、体の中には何もないかのように、私たちは、大切な自分の内臓器官を、意識にのぼらせることすらしないで過ごしているのです。生命感覚は、そんな独特の

働き方をしています。自分が活き活きとしているかどうかを感じ取る、生命感覚のセンサーは、運動感覚や触覚と同じように、全身に分布しています。そして、特に体の奥深いところ＝内臓で感じることが多いので、「内臓感覚」という呼び方をされることもあります。
もし誰かに、「調子はどうですか？」と聞かれて、笑顔が見られなかったら、大体、答えは予想できますし、まして「えっ、何の調子？」という具合に、質問の意味にすぐにピントが合わないような状態だったら、「今日の調子は今一つだから気をつけて！」と、生命感覚が教えてくれているのです。
この生命感覚を育てることは、子どもたちの心と体を安心へと結びつけることになります。体の自然なリズムを尊重して、ゆったりとした環境の下で、規則正しい生活を続けながら、子どもたちと暮らすことが、お腹の丈夫な大人へと、彼らを育てることにつながるのです。内臓の働きが安定することで、自分の周りに興味をもってワクワクしながら関わり、楽しいことがあれば飛び上って喜べる、子どものような軽やかさと結びついていることが可能となります。

都会の生活は、音や光や振動や匂いが、洪水のように私たちの周りにあふれ、刺激を提供し続けています。一方で、生命感覚の安定に問題がある人が増え続けていることを考えると、ひょっとしてこの刺激の量は、私たちには多すぎるのかもしれません。「昔は、〝生まれて三カ月までは、外の空気に触れさせることは刺激が強すぎるから、赤ちゃんを守ってあげなきゃ〟と言ったもんだよ」と言うお年寄りの声にも、真剣に耳を傾ける必要があるのでは？　という気がしてきます。

第Ⅲ章

発達が気になる人に特有の原始反射の動き

第Ⅱ章では、楠の木学園の生徒たちが教えてくれる、発達が気になる人たちに特徴的な感覚のあり方について、お伝えしてきました。そのなかで気づくのは、一つの感覚に偏りが見られる人には、少なくともいくつかのほかの感覚にも、その影響が現われているということです。視覚に過敏なところがある人は、皮膚への刺激や平衡感覚にもトラブルが出やすい傾向が見られますし、同じように、聴覚や運動感覚も、ちょっとストレスがかかると、容易にスイッチがオフになってしまいます。その結果、彼らはさまざまな生きづらさを抱えることになっています。例えば、聴覚がオフになりやすい人ならば、「人の話を聞いていない」「先生の語りかけを無視している」などと解釈されて、友だちと喧嘩になったり、先生からお説教されたりするかもしれません。

感覚器官が、お互いに補い合いながら機能さえしてくれれば、自分の周りに広がる世界の活き活きとした一つのイメージを、私たち自身の内側につくり出すことを可能にしてくれます。一方、私が共に学んでいる生徒たちは、この感覚器官同士がつながりを欠いた状態になってしまっていて、ストレスの多い生活を余儀なくされています。彼らの感覚の協働を妨げ、家族や周りの人たちを巻き込んで混乱を引き起こしている、その原因は、一体どこにあるのでしょう?

生徒たちとブレインジムをしながら共に過ごす時間のなかで、気になりだし、そして注目するようになってきたのが、「原始反射の動き」でした。以下に、生徒たちが見せてくれた、その様子をご紹介します。

1 足元が安定せず落ち着いて学べない——バビンスキー反射

❖ 安定して立っていられない原因は?

「年に何度か、転んだり、足首を捻挫したりします。大概は同じほうの足を痛くします」。楠の木学園では、そんな話をよく聞きます。もし、みなさんの周りに、思い当たる人がいたら、その人の足の親指を、それとなく観察してみてください。

靴下を履いている指先、とくに親指は、どんな表情をしているでしょうか？　空を見上げるように上を向いている親指を見つけたら、その人に聞いてみてください。「靴下の親指に穴が開くことはありますか？」。人によっては、靴下だけではなく、靴にも親指の辺りに穴が開いてしまいます、という答えが返ってきます。

第Ⅱ章の触覚の項（34頁）であげたように、靴下をいやがる傾向も見られるかもしれません。立って両足を揃えて、気をつけの姿勢で、目は遠くを見たまま、「足の親指ってどこにあるかわかりますか？」と、尋ねてみてください。とっさに下を向いて、親指を見ながら動かして確認するかもしれません。足の裏をくすぐられると考えただけでも、耐えられないくらいに不快になる人もいます。

ここまでのチェックで、ほぼ目星はつきますが、確認のために反応を見させてもらいます。足の裏を触ってもいいか聞いて（必ず許可をとってからやってください。もし、拒否する人がいたら、友好関係を保つために、次の動きは試さないでください）、足の裏を踵《かかと》から小指のほうに向かって爪でこすってみます（写真1）。もし親指が反り返るように動くか、人によっては、ほかの四指が親指と逆側に反り返るように動いたら、これはバビンスキー反射という反射行動です。はっきりそれとわかる反応を見せてくれる人もいますが、慣れないと足の動きに気づかないくらいの反応しか見せないこともあります。

❖見過ごせないバビンスキー反射

教科書などで「バビンスキー反射」の記述を探すと、「二歳くらいまでに統合されて、それ以降は見られなくなる」と書かれています（このように記述される反射を「原始反射」と言います）。足の裏とその周りの筋肉を動かす反射なので、立って歩けるようになるために、筋肉を動かして育てる動作をしていると思われます。そんな原始反射の一つであるバビンスキー反射を、生徒たちの中には、中学・高校の年齢になっても、まだ持ち続けている人が、どうやらいるのです。

生徒たちが見せてくれるもう一つの特徴的な動き、

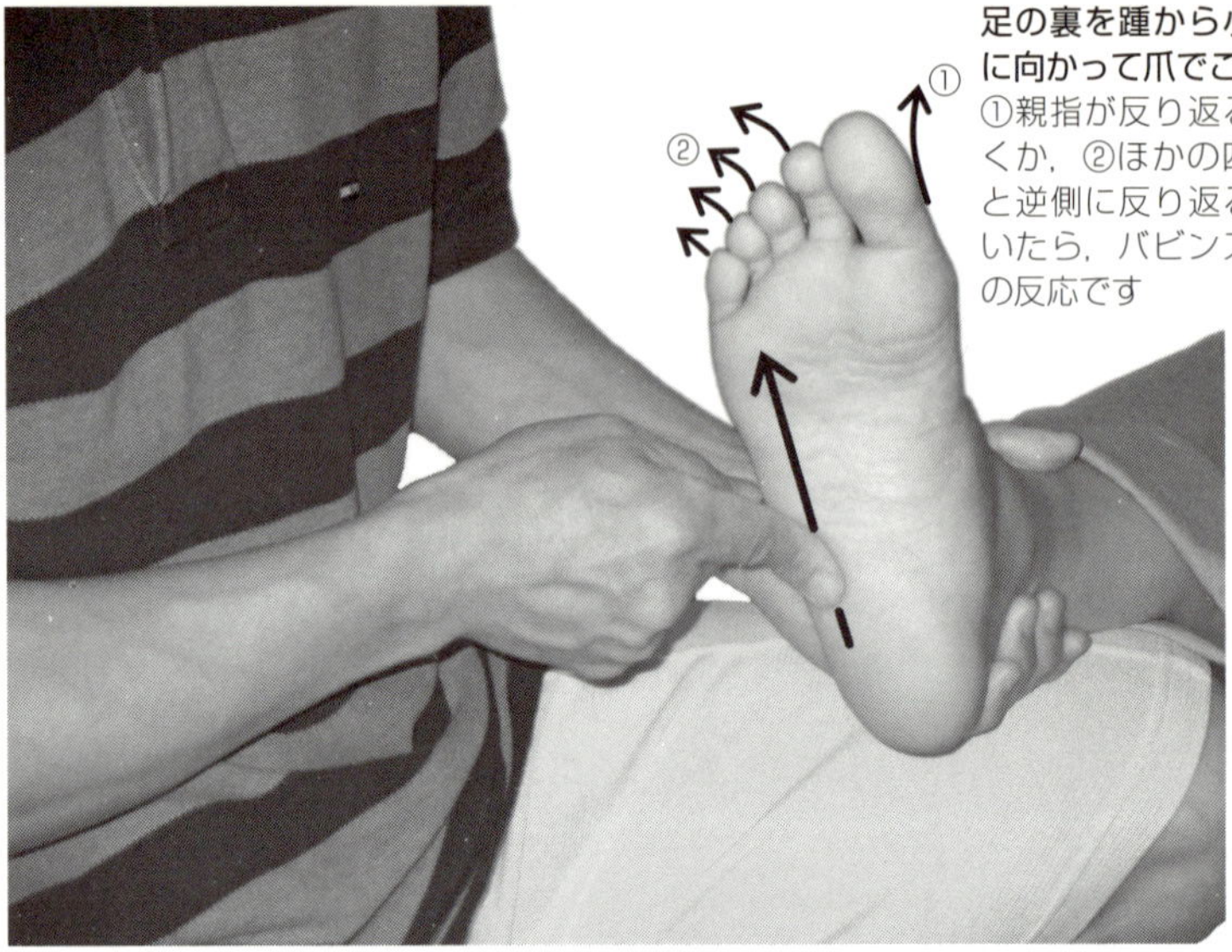

足の裏を踵から小指のほうに向かって爪でこする。
①親指が反り返るように動くか，②ほかの四指が親指と逆側に反り返るように動いたら，バビンスキー反射の反応です

写真１　バビンスキー反射のチェック方法

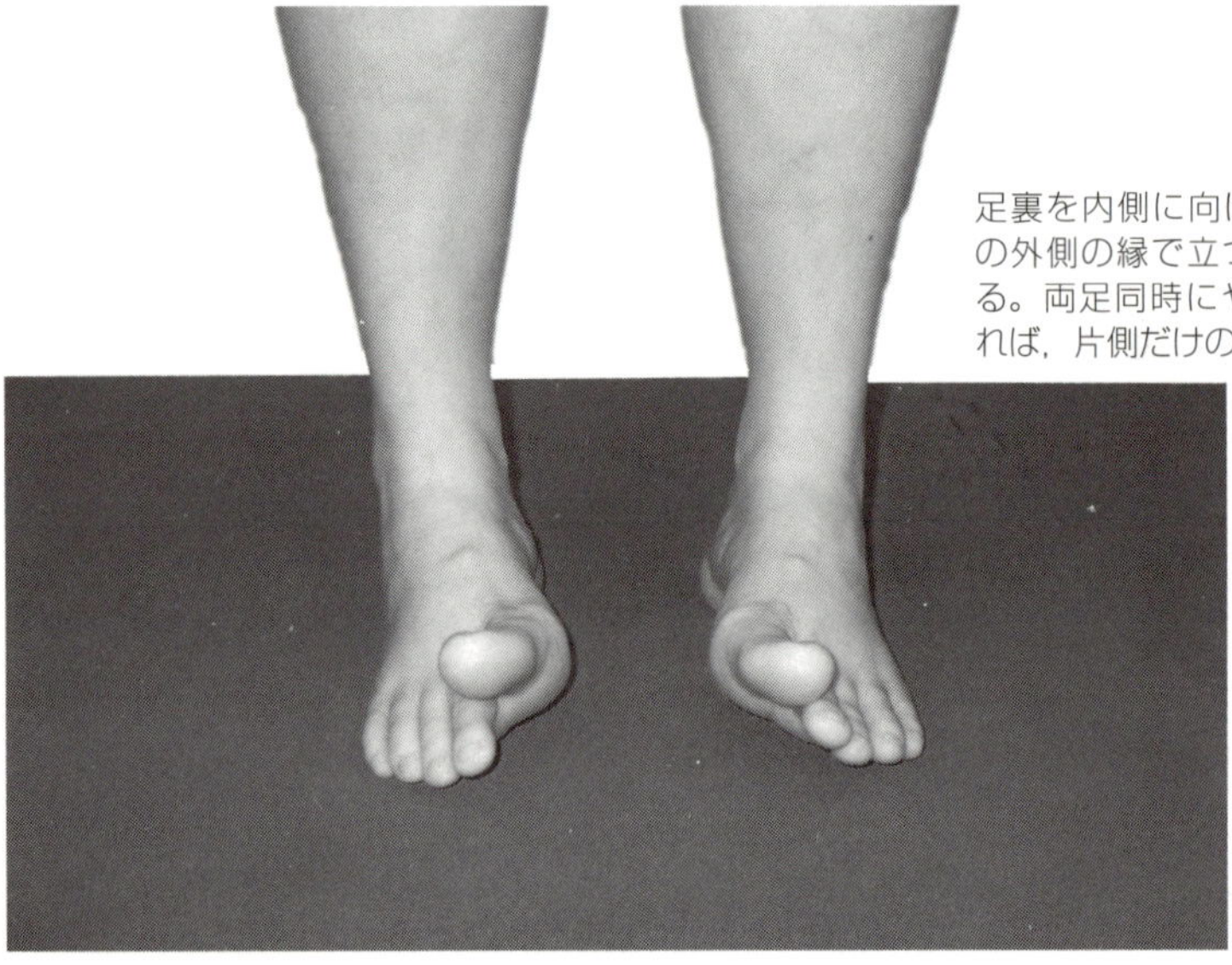

足裏を内側に向けて，足裏の外側の縁で立つ姿勢をとる。両足同時にやる人もいれば，片側だけの人もいる

写真２　バビンスキー反射のある人の特徴的な動き

いわばチェックポイントがあります。人前に出て緊張が高まったときなどに、みんなよく足裏を内側に向けて、足裏の外側の縁で立つ姿勢をとります（写真2）。両足同時にやる人もいれば、片側だけの人もいます。なぜそのような姿勢をとるのか尋ねると、無意識にやっていたので、指摘されて初めて気づいたという人もいますが、「こうすると気持ちいい」という声もよく返ってきます。みなさんの周りで、この足の動きをしている人はいますか？

幼児が二足歩行をするようになったあとには、役目を終えてもう見られなくなっていいはずの反射の動きを、彼らはその後もずっと持ち続けているのです。そのこと自体は、とくに私の興味をひくものではなかったかもしれません。しかし、「何もないところでよく躓《つまず》いて転ぶ」という症状は、子どもたちの成長をサポートする仕事をしている者としては、見過ごせないところです。もし、反射的に足がこの指を反らせる動きをしたら、当然、足裏を内側にねじる形で転ぶという事故が起きやすくなります。また、転ばないまでも躓きそうになったり、足をぶつけたりするような小さな失敗が多くなることが想像できます。その動きが、階段を下りる途中に出てしまったりすると、大変なことです（実際に階段で転んだことのある人もけっこういます）。でも、彼らの多くは、「自分はこれで普通だから、そんなものだ」と思って生活しています。

本に書いてある一般的な知識とはかなり違っている生徒たちの現実を見せられて、最初は私も驚きましたが、そのうちに慣れてくると、電車で吊革につかまっている人や、コンサート会場で行列をつくっている人たちの中にも、同じように足の外縁立ちをしている人が目につくようになってきました。さすがに、突然、「足裏の反射チェックをさせて」と言うわけにもいきませんが、聞き取りをさせてもらっている限りでは、この体勢をとる癖のある人の中には、自分は転びやすいという自覚のある人がよく見られます。

❖成長してもバビンスキー反射のある人たち

バビンスキー反射は、程度の差はありますが、大人になっても持ち続けている人がけっこういるのではないか？　というのが、私の実感です。人間は個性豊かな種族なので、この反射を持ち続けていても、スポーツが得意な人も中にはいます。しかし、私はこの反射を持ち続けている人たちを見ると「足元がもっと安定して、歩き方がしっかりと落ち着いてきたら、きっと今よりも楽に学びに取り組めるようになるんじゃないか」と思わずにはいられません。この項を読んでくださっている方の中にも、「そういえば自分にも」と、思い当たる人が、いるのではないでしょうか。

バビンスキー反射の名残りを中学生、高校生になってもまだ色濃く持ち続けている人たちは、転びやすいことのほかに、運動することに対して慎重になったり、新しいことに取り組もうと文字通り一歩を踏み出すためにも、勇気をふりしぼらなければならなかったりします。足の原始反射によって足元がぐらぐらすることは、容易に想像できますが、一緒にいて気づかされる

のは、彼らのうちの多くが、文字を読んだり書いたりといった、いわば学びの基本となる能力にも困難を抱えているということです。彼らはよく耐えて努力していますが、学びにはさまざまな困難が伴っており、手に余るほどのストレスを抱えながらも何とか日々生き抜いているのです。

難しい状況の下で、それでも前向きな努力を続けているのですから、彼らの健闘には、正当な評価と称賛が与えられるべきなのに、実際には、「これくらいのこともわからないのか！」と叱られたり、「わかるようになるまでがんばれ！」と過酷な要求をつきつけられて、前に進むこともできずに苦しんでいるのです。彼らの学びを楽しく進めるために、まずやるべきことは、足元がぐらぐらしないで、安定してくるように体を整えることではないか、と私は考えます。

2 ちょっとしたことに驚き、強い不安を感じてしまう
——モロー反射

❖ 赤ちゃんの緊急信号、モロー反射

赤ちゃんは、すやすやと寝ついてくれたと思っていると、突然、何かに驚いたように両手をビクッとさせて泣き出すことがあります。これが、原始反射の中では比較的知名度が高い「モロー反射」です。この反射は、受胎後三カ月頃から現われ始めて、生後半年くらいには見られなくなるといわれています（ちなみに、「モロー」とは、発見者のオーストリア人医師の名前です。原始反射の名前は、動きや解剖学的な言葉の組合わせでできているものが多いので、中にはとっつきにくいものもあるのですが、バビンスキー〈Babinski〉反射とモロー〈Molo〉反射は、人名が元になっているので、親しみが持てて覚えやすいです）。

モロー反射は、ちょっとした音や光、唐突な接触や

強い振動などがきっかけとなって、①腕や足を投げ出すように広げ、息を吸い込むと、②今度は身を縮めて声をあげて泣き出す、という現われ方をします。スーパーのレジ袋をそーっとたたんで音が出たときや、ちょっと部屋の灯りをつけたり、やっと寝ついたのでベッドに寝かせようとしたりしたときにも、スイッチオンになってしまうので、親としては「残念！」な思いをさせられることもよくあるモロー反射です。別名しがみつき反射ともいうそうですが、これが起きると、親としては放っておけません。慌てて抱き上げにいくので、赤ちゃんは必要なケアを得ることができますし、しがみつく動きによって反射が統合されて、成長のステップを先へと進めることができるというしくみになっています。

楠の木学園で出会うのは、まるでこのモロー反射が、今も全開で発動しているかのような人たちです。「おはよー」と軽く肩に触られただけで、両手がバンザイするくらいに驚く人がいます。散歩に出かければ、木の葉が頭や首にふれるたびに跳び上がってしまいます。一緒に過ごす時間の長い家族やクラスメイトは、慣れているので、ある程度「そういう人だから」と個性として認めてくれるのでしょうが、このびっくりしやすい人たちの反射的な動きは、例えば包丁を握って料理しているときにも起きてしまうので、もし周りに人がいたらと考えると、個性だからというだけでは、とてもすませられません。

❖ 緊張に満ちているモロー反射の世界

バビンスキー反射を持ち続けている人たちが、足元の安定感がないことからいろいろな不都合を被っているのと同じように、モロー反射の動きを見せている人たちも、日々生き延びるために乗り越えなければいけないさまざまな困難を抱えています。例えば、触覚からの刺激が、このびっくりする動きの引き金になっているので、何かに触るということに大きな緊張を伴います。ですから、彼らは新しいものには、こわごわと手を伸ばすようになります。やはりここでも、バビンスキー反射の持ち主と同じように、外の世界へ勇気を

もって飛び出してゆくことにためらう力が働いてしまうのです。

音や動きにも敏感すぎる反応を示します。第Ⅱ章の聴覚の項（29頁）で、耳が聞こえ過ぎると必要な音だけを集中して聴くことが難しいという例をあげましたが、このモロー反射の動きを見せる人たちの中にも、背景のいわば雑音を遮断して、今自分が必要とする音だけを聴くということが苦手だと感じている人が少なからずいます。そして、必ずと言っていいくらいに、乗り物酔いしやすい人たちでもあります。みんな困難を抱えながら、よく生き抜いてきています。

3 首の動きで姿勢が不安定になり、運動が苦手に
―緊張性迷路反射（TLR）

❖ 運動から縁遠くさせる緊張性迷路反射

楠の木学園では、運動が苦手な人や、好きじゃないという人たちのほうが多数派なのですが、彼らの話を

聞いてみると、日頃の生活のなかで、いくつか共通点が見つかります。例えば、階段を上り下りするときや、エスカレーターに乗るときに、必ず横にある手すりにつかまらないと、こわくて立っていられないという人がいます。上りと下りのどちらか片方だけが苦手な人もいれば、両方ともだめという人もいます。下るときは必ず手すりにつかまる、という人の中には、スキー場でリフトを使って頂上まで移動して、さて滑ろうとしたら、こわくて下が見られなかったので、スキー板を脱いで歩いて降りてきた、なんてツワモノ（？）もいます。上りの階段やエスカレーターがこわい人は、脚立に乗って電球を交換するような、上を向く作業も難しいと感じています。

彼らに共通しているのは上を見たり、下を見たりすることで、姿勢が安定しなくなるということです。「自分もそうかも」と思った人はいますか？　ひょっとすると、それは、原始反射の一つである「緊張性迷路反射（ＴＬＲ）」の名残りが、いたずらしているせいかもしれません。聞きなれない名前ですが、第Ⅱ章の平衡感覚の項（38頁）に出てきた耳の中の内耳（迷路）という器官が、この反射に関わっているところです。

首を縦方向に動かすことを、この反射を持つ生徒たちに試してもらうと、みんなグラグラして安定を保てなくなっているのが一目瞭然なのですが、当人は無自覚なことが多いのです。この現象は、本人の意思に関係なく、自動的に起こっていますから、やはりこれは反射による動きです。自分で気をつけようとしても、うまく対応できないのが普通だと思ってください。試しに上を向いてもらうと、〝ちょっと嫌な感じがする〟くらいの自覚しかない人でも、両足を気をつけの姿勢になるように揃えて、それから上を向くと、横で待ち構えている人が全力で支えないと倒れそうになるくらいふらつくこともあります（一人でやることは危険なので、試さないでください）。

首が向く角度がちょっと変わるだけで、姿勢が安定しなくなるわけですから、彼らが、上を見上げるバドミントンのようなスポーツに挑戦すると、シャトルをうまくラケットでとらえられずに、空振りすることが

多くなります。縄跳びも、姿勢が安定せずに、長く続けることが難しいと感じます。山登りに行って、ふと頂上を見上げると、足元がふらついてしまい先へ進めません。

楠の木学園では、運動が好きじゃないんだという人たちには、体育の時間をパスする自由が、生徒の権利として認められています。みんな苦労してここまで生き延びてきているのだから、たとえ体にいい運動であっても、気が進まない人たちに無理やりやらせるようなことをしたら、彼らの生きる勇気を育てる助けにならないかもしれないからです。

一方このままでは、体を動かす遊びやスポーツに関わって楽しむ体験が乏しくて、みんなだんだん運動から縁遠くなっていきかねません。緊張性迷路反射の名残りは、子どもたちの未来を明るく切り拓いていくためには、ぜひとも乗り越えなければいけない課題です。

❖肩こり、猫背が多くなる

この反射の名残りを持ち続けている人たちには、姿勢の悪さ、例えば、猫背がよく見られます。恐らくこれは、首の微妙な動きが不安定につながるので、体ができるだけ弱いところをかばおうとするためではないかと思います。前かがみになって首をすくめると、肩が上がった姿勢になります。試しにまねしてみるとどうでしょう。首の守りは多少しっかりするのかもしれませんが、息が深く吸い込めなくなったり、肩と首でがんばっているので、筋肉が固くなったりしそうです。実際に、肩こりの自覚症状のある子どもたちに、猫背はよく見られます。猫背を解消したい理由は、単に格好が悪いから、だけではなく、首の動き次第で体がグラグラと不安定になってしまう反射の影響から解放されるためという意味があります。

さて、この反射は、前方と後方という二種類に分かれ、それぞれ別々に発達します。首を前に曲げたときと後ろに反らしたときでは、違う動きが現われるのです。緊張性迷路反射・前方は、受胎後一二週の頃から発達します。首を前に曲げてうつむく姿勢をとると、赤ちゃんの胴体や腕、脚が曲がって縮こまります。これは、母親のお腹の中にいるときの胎位です。緊張性迷路反射・前方は、生後三カ月頃には見られなくなってゆきます。

次に、緊張性迷路反射・後方は、出生時に産道を通過することが引き金（トリガー）となって現われます。赤ちゃんは、首を前後に動かすことで、胴体や手足の筋肉を曲げ伸ばしするこの反射の動きを引き出して、成長に必要な刺激を得ていると考えられています。首を反らせる方向に動かすと、反射的に腕と脚が伸びるので、緊張性迷路反射・後方を持っている人は、背中側の筋肉をいつも緊張させることになるかもしれません。立っているときには、ふくらはぎや太ももの裏側が常に緊張してしまい、踵《かかと》が地面につかない独特な歩き方をする人も見られます。

4 腕立て伏せ、キャッチボール、板書の書き写しがうまくできない共通の原因
――対称性緊張性頸反射（STNR）

❖赤ちゃんを二足歩行に移行させる反射

やはり聞きなれない対称性緊張性頸反射（STNR）は、赤ちゃんが四つん這いになって、ハイハイを始める頃（生後六カ月頃）に現われます。原始反射の中では、一番遅く現われるものです。そして、この反射も、首の動きが引き金（トリガー）となります。原始反射に興味を持つようになってから、子どもたちの姿勢を見て、首の位置がどうなっているのか、頭の動きはなめらかか、両方の目が楽に正中線を越えていけるのかという、いわば首周りのチェックポイントを確認することの大切さがわかってきました。それらをすることによって、私にも、彼らの直面しているしんどさが、少しずつ想像できるようになってきました。相手の身になって考えることができるのは、ありがたいことです。首の動きを整えて、頭部が自由に楽になってくることで、私たちの中にいる考える人が、自分らしさを発揮できるようになってゆきます。

赤ちゃんが腹這いの体勢で首を上げて前を見ようとしたとき、両腕が伸びて、両脚が曲がり、お座りする格好になるのが対称性緊張性頸反射です。（図1）。腕

図１　対称性緊張性頸反射（STNR）・その１
赤ちゃんが腹這いの体勢で首を上げて前を見ようとすると，両腕が伸びて，両脚が曲がり，お座りする格好になる

と脚の動きが連動して起こります。自分が子育て中のときには、私はこの反射についてまだ知らずにいて、うつ伏せの状態から胸を起こしたり、四つん這いになったり、ハイハイしたりして、一生懸命、お座りできるようになってゆくわが子を、「なんてすばらしい！」と感動しながら見ていた記憶があります。しかし、これら一連の動きの移行は、子どもがゼロから編み出したものではなく、発達の手順は、ほぼ反射のプログラムとして、誰もが自分の中に持っているのだそうです（でも、〝やっぱりわが子はすばらしい！〟と思っている方がいらしたら、それはいわゆる親ばかなのでしょうが、私もまったく同意見です。子どもを育てるのは簡単な仕事ではないのですから、楽しませてもらわなければ損です。親ばかバンザイ！）。

では、その体勢から、今度は首を前に曲げて両目は下を見て、さらに両膝の間を見ると、さっきとは逆に、両腕が曲がり顔は地面について両脚が伸びるのです（図2）。前述の緊張性迷路反射・前方とは、脚の動きがちょうど逆になってゆきます。

図2　対称性緊張性頸反射（STNR）・その2

赤ちゃんが四つん這いの姿勢から首を前に曲げて下を見ると，両腕は曲がり顔は地面について両脚が伸びる

この反射も二足歩行ができるようになってから後には、現われる必要はなくなっているはずなのですが、腹這いだった赤ちゃんがハイハイへと移行することを可能にしてくれるこの対称性緊張性頸反射の名残りを、持ち続けているように見える人たちが、やはりいます。

❖首・目・手足をつなぐ動きを自由にできない

彼らに腕立て伏せをしてもらうように頼むと、膝をついたままの四つん這いの姿勢でも、両腕を曲げようとするだけで、もう腕が震えだします。さらに、自分の膝を見るようにして首が前に曲がった体勢になると、両腕が曲がってきて頭が床につきそうになってしまいます。「腕立て伏せなんてやったこともありません！」と言う人もいます。もちろん、この動きに限って言うなら、別にできてもできなくても、人生何とか渡っていけると思うのですが、やはりこの反射の動きがあると、ほかにもいろいろ不都合なことが出てくるのです。

例えば、小学校で体育の時間にやることになるでんぐり返り（前転）も、彼らにとっては悩みの種です。前転をしようとすると、両腕で体重を支えられずに、頭をマットにぶつけてしまうのです。もし、思い当たる生徒がいたら、その子は運動音痴なのではなく、恐らく「原始反射の一つである対称性緊張性頸反射の名残りがあるよ」ということなのです。本人のやる気には関係なく、自動的に現われる動きなのですから、くれぐれも笑ったりしてはいけません。もし、この反射を残していたら、誰でも、首が下を向けば自動的に両腕が曲がる、という動きが出てくるものなのです。周りの対応次第では、彼らの自尊心を高めることも、やる気を奪うこともできるのです。

さて、対称性緊張性頸反射は、うつ伏せから四つん這いへと移行して、体が地上から高く持ち上げられる時期の反射です。目線が高くなることで、私たちの目はそれまでよりもはるかに遠くを見渡せるようになります。そしてこの頃に、遠くや近くを両目で見て、瞬時に焦点を合わせるという目の機能が獲得されていくのです。こうなると赤ちゃんは、自分の周りに広がっている空間に気づき、やがて、さかんに探検に出かけるようになります。

楠の木学園で、「腕立て伏せなんか絶対に無理です」と言っている人たちを、体育館でボール遊びに誘ったりすると、興味深いシーンが見られます。五ｍほどの

間隔をとってキャッチボールをするのですが、生徒の投げるボールは、うまく私の手元まで届きません。床に転がったボールを拾って手渡すと、今度は目の前にいる私に対しても、さっきと同じ強さのパスを返してくるのです（知らないでいると、体育教師が鼻血を出すことになります）。

私たちは、相手との距離がどれくらい離れているのかなんて、いちいち考えなくてもわかっていて当たり前、と感じているのではないでしょうか。ところが、対称性緊張性頸反射の名残りは、「目測する」という目の機能にも大きな影響をおよぼすので、腕立て伏せがまるでできないというこの反射の兆候を持っている人たちは、キャッチボールをするときに、「相手との距離を見ながら、投げる強さを加減してくれ」と頼んでも、よくわからなくて途方に暮れてしまうのです。

「まあ、ボール投げが苦手でも、生きていくのに困らないよ」と言う人もいるでしょう。しかし、対称性緊張性頸反射の名残りを持ち続けている人たちは、例えばノートを書き写すのにも、とても時間がかかるのです。黒板に書かれた文字を見ます。もし、教室の後ろのほうに座っているとしたら、五、六ｍの距離があります。がんばって板書を読みながら、書き写そうとして見るノートと両目の距離は三〇㎝くらいです。黒板を見て、次にノートを見るという繰り返しは、ボール投げのときと同じように、両目で近くや遠くに焦点を合わせる能力が必要とされるので、彼らはやはり不得意なのです。

5 いい子で席に座っていることが難しい——ガラント反射

❖腰に触れられると発現する反射

教室で自分の席にじっと座っていられない人がいます。何か目についたものがあると、気になって、触らずにはいられません。物音にも敏感です。友だちの話を遮って割り込むことが、よくあります。さらに、授業中に、先生の話に耳を傾けることはあまりありません。ＡＤＨＤ（注意欠陥・多動性障害）と診断される子どもたちの様子と、驚くくらいに重なるこれらの特徴的な行動は、実は第Ⅱ章の触覚の項（34頁）で紹介した、敏感すぎる背中を持つ子どもたちのものです。そして、敏感すぎる背中の持ち主には、同時にやはり原始反射の一つであるガラント反射の名残りがよく見つかります。

この反射は、受胎後二〇週で発達を始めて、生後三～四カ月で役目を終えて統合されると言われています。赤ちゃんの腰の辺りで、左右どちらかの背骨から三㎝くらい離れたところを、指先で縦に軽くこすると、赤ちゃんは同じ側に腰をくねらせて曲がるという反射です（図３）。

ガラント反射は、平衡感覚を司る器官の中枢である前庭器官を刺激して、その発達を助けるためにあるといわれています。また、出産のときには、産道の通過をなめらかにしてくれるという働きをするそうです。ガラント反射が、大人になっても左右どちらか片側だけに残っている人には、脊柱側弯が出やすくなると言われています。また、腰の両側にこの反射を残している人には、腰痛が起こりやすくなると言われています。

腰の辺りに触られることで発現する反射ですから、子どもたちが背もたれつきの椅子に座ると、胴体が左右にくねくね曲がる動きが起こってしまうのです。椅子にずっと座っていたら、反射の動きも出続けるわけですから、立ち上がってソワソワしてしまうのも、彼らには当然のことかもしれません。「あのソワソワした動きは、反射の影響があるからなんだ」と、私たちが気づけば、彼らの落ち着きのなさに対しても、少し

図3　ガラント反射

赤ちゃんの腰の辺りで，左右どちらかの背骨から3cmくらい離れたところを，指先で縦に軽くこすると，赤ちゃんは同じ側に腰をくねらせて曲がる

は同情の余地が感じられるようになるのではないでしょうか。

❖ソワソワする子にどう接する？

しかし、日々一緒に過ごしていれば、ガラント反射を持っている人たちのソワソワした様子は、周りの人たちにも影響を及ぼします。いつもと違う雰囲気に巻き込まれて、自分のペースを乱されることによって、同じようにソワソワしだす人もいれば、イライラして静かな気持ちでいられなくなる人もあります。癇癪を起こしやすい人なら、まず間違いなく怒りだします。大人だったら、怒鳴るように激しく叱りつけるかもしれません。こうなると、いつもだったら、笑顔で友だちに話しかけたり、心静かに教え子を励ましたりできるはずの人が、頼りになる自分の一面を見失ってしまうこともあるでしょう。

叱られる子どものほうはどうかというと、その場は恐怖と悲しい気持ちから、動きが止まって、表面上は静かになっているように見えるかもしれません。しかし、彼の中の「自分のイメージ」は、少しずつ輝きを失って、ジワジワと自分への自信を失っていくでしょう。反射が元で起こっているかもしれない、自分ではどうしようもない背中のソワソワ感と、そこからくる混乱に対して、怒りやお説教は、どうも継続的な助けにはならないようです。むしろ怒りの感情をぶつけられることで、彼らの中にも同じものが呼び起こされているように見えることもあります。お説教と怒りは、いざというときの切り札として使いたいので、日頃はできるだけしまっておきたいものです。では、こんな子どもたちと向き合うときに、大人は一体どうすればいいのでしょうか？

これはある小学生の話です。彼は、いつも授業は上の空で、話すことといえば車のことばかりです。校門の前を通り過ぎた車の種類を、チラッと見ただけで、すぐに言い当てることができます。外で車の音が聞こえるたびに、ソワソワと窓の外が気になり、自分の席に、じっと座っていることなんてとてもできません。やっと席についたかと思うと、今度はスポーツカーの

運転手になって、エンジン音の口真似をしながら、ドライブごっこを始めてしまいます。本人は上機嫌ですが、周りにいる人たちは気が散って、とても先生の話に耳を傾けて聴くことができません。

そのとき、先生がこの生徒に歩み寄っていきます。教室がシーンとなります。先生は真剣な面持ちで、でもいつものおだやかな口調で、手を差し出しながら言います。「カギを出しなさい」。彼は、放課後まで車のカギを返してもらえないことがわかると、ドライブをあきらめて、授業に参加しました。この話を聞いたときに、私は涙が止まりませんでした。恐らくクラスではトラブルメーカーになっているであろうこの生徒に対して、頭から叱りつけて、こわがらせたりすることなく、周りにいるほかの子たちの心まで、明るく軽やかにゆさぶり、ふと気がついたときには、みんな同じ方向に向かって心を一つにしていたのです。なんてすばらしい先生と子どもたちでしょう！

「私たちは、困ったことが起きたときにも、できるだけスマートにそこを切り抜けてゆこうとするんだよ」。子どもたちにそんなメッセージを態度で示すことができたら、私たち大人も、笑顔で明日へと向かう力を自らの中に培うことができるというものです。美しいものや真実を愛する子どもたちは、この原始反射の名残りが自分たちに及ぼす混乱に対しても、きっと力を合わせて切り抜けてゆく自分たちなりのやり方を創りだしてくれます。

厳しく叱ることが必要なときもありますが、周りにいる友だちの中に、例えば繊細な感性の持ち主（前述の「モロー反射」を持っている人は、人が叱られている場面に居合わせることが、耐えられないくらいに辛かったりします）がいたりすると、たとえそれが自分に向けられた言葉ではなくとも、彼らは傷ついて、悲しい気分になり、再び前向きな姿勢で過ごせるようになるまでには、かなりの時間が必要となります。子どもたちと楽しく学ぶという視点を思い出すために、「おまえには、果たしてユーモアのセンスがあるだろうか？」と、私はいつも自分に問いかけています。みなさんが子どもたちと一緒にいて困ったときにも、どうかユーモアの力がみなさんと共にありますようにと願っております。

第Ⅳ章

ブレインジムをすると何が変わるのか？

―生徒たちが見せてくれた成長と変化

子どもたちの脳が成長するために必要な要素は、酸素や栄養の供給だけではありません。赤ちゃんは、原始反射の動きを成長のための足掛かりとします。反射の動きによって筋肉が育ちますし、触覚や平衡感覚、運動感覚などを通して、脳を育てるために必要な刺激が得られるのです。そして、さらに動くことで、成長の段階を先へと進んでいくのです。豊かな刺激を得ることで、脳内では神経回路が次々と新しくつくり続けられると言います。人が楽しく動くことは、脳の中に思考のための回路をつくり出すことを促してくれるのです。動きは、水を飲んだり、食物から栄養をとったり、抱っこされたり、言葉をかけられたり、お尻をきれいにしてもらったりするのと同じように、自分を育てるためにぜひとも必要なもの、いわば**「動きは脳の成長に必要な栄養」**なのです。

ところでこれは、成長期の子どもたちだけにあてはまることではありません。動くことをとおして、感覚器官から脳へと送られる情報は、大人の脳を育てる刺激にもなっているのです。八〇歳になっても九〇歳になっても、人間の脳は成長し続けるといいます。喜びと共に、動き、学びを積み重ねてゆくことは、子どもたちだけでなく、私たち大人にも許されている権利です。子どもたちの自信を培うために、フリースクール楠の木学園で、生徒たちが、ブレインジムの体操を体得しながら成長しつつある様子を、その動きの手順と共に紹介させていただきます。

1 ブレインジムのいろは
——PACE（ペース）

(1) 始まりは「水を飲む」こと

❖ 頭の回転を良くする水

数学の問題を解いているときに、頭が回ってなさそうだな、という様子の生徒を見かけたら、私は、「水、足りてますか？」と尋ねるようにしています。漢字のプリント学習に取り組んでいる人にも、もちろん体育で汗を流している最中の人にも、こまめな水分補給を呼びかけています。通勤電車を並んで待っているときや、お昼ご飯の後の眠くなった時間にも、とにかくストレスを感じたり、息詰まったりしたら、みなさんも水を一口飲むことを試してみてください。

ブレインジム式の水の飲み方には、ちょっとした作法があります。グビグビと一気に飲んでしまうのではなく、ちびちびと一口ずつ口に含み、まるでワインをテイスティングするかのようにゆっくりと飲み下します。ごくごく飲んでしまうと、トイレに行く回数ばかりが増えてしまい、体は効率よく水を吸収できないのです。砂漠でスイカをつくる農法を日本のどこかの会社が研究している、というニュースを、以前、テレビで見ましたが、この農場では、水をスイカの根元に一滴ずつ垂らしてあげるのだそうです。そこには、紙おむつに使うような吸収の良い素材が敷いてあって、なんと一日にコップ一杯ほどの水で、スイカを収穫できるという話でした。

私たちの脳も、シワや隙間がたくさんある構造をしています。ＭＲＩ（核磁気共鳴画像法）を使った最新の研究には、脳の中に張り巡らされた細かい通路に水をとおすことによって、脳は熱をさまし、その機能を保っている、という報告もあります。どうやら脳は、私たちの思っている以上に、たくさんの水を消費しているようです。脳と、そして全身に、必要な水分をゆきわたらせるために、砂漠でスイカを育てる要領をまねて、私たちも、水をいつもちびちびと補給するようにしましょう。

❖「水、足りてますか？」と声を掛けたい

大人の方からはよく、「お茶ではだめですか？」と尋ねられます。もちろんお茶も水分ですが、カフェインの利尿作用が働いて、体からさらに水分が抜けてしまうという説もあります。麦茶やジュース、スポーツ飲料などからも、人は水分を摂取できますが、学びに取り組むための準備体操として自分をペースするときには、やはり水がおすすめです。授業の始まる前の休み時間や、「これから真剣に取り組む用事があるぞ」というときには、ただの水をとるようにしましょう。

ブレインジムという頭と体のつながりを整える体操のスタートは、いつも水のちびちび飲みから始まるとお考えください。

楠の木学園では、水分補給が必要な人は、授業中でも「水を飲んできます」と言って席を外すことができます。生徒たちの様子を見ていると、数学でも国語でも、自分が苦手だと感じている課題に取り組むときには、みんな明らかに水を飲む回数が増えます。ストレスを感じているときは、周りからの声掛けも助けになります。というのも、水分が必要な状態にある人は、余裕がないので、自分が水を必要としていることにも思い至らないことが多いからです。「水足りてる？」。つらそうにしている人を見かけたら、そう言って、お互いに声を掛け合えるようにしたいものです。授業中の水分補給ができると、間違いなく集中して学びに取り組める時間は伸びるので、成績アップにつながることも請け合いです。

ある小学校の特別支援学級では、ペットボトルや水筒を持参して、机の横にかけておくようにしました。それまで、勉強がはじまって五分もすると疲れていたクラスの子どもたちが、こまめに水分補給するようになったら、四五分間の授業が終わるまで、集中が続くようになったということで、先生から感謝の言葉をいただきました。ですから、疲れたらとりあえず水を飲んでひと息入れる、ということを習慣にしていきたいのです。

慣れてくると、疲れる前に体の声が聞こえるようになってくるので、生徒たちは、「ちょっと水飲もーっ」と上手に間をとって、集中を長持ちさせられるようになっていきます。水は、私たちの疲れを洗い流してくれて、**エネルギッシュ（Energetic）**に課題に取り組むことを可能にしてくれる元気の素なのです。水のキーワードは、「エネルギッシュ」です。

(2) ブレインボタン——脳と目は隣り近所！

❖ 現代は目のストレスの多い環境

私たちが今生きているこの社会は、急激な変化のなかにあります。自分が小さな子どもだった頃を思い出してみると、今、私たちがテレビや携帯電話、インターネットのつながるパソコンなどに触れて過ごしている時間を、昔はのんびりと過ごすために使えていたような気がします。人が手の届くくらいの至近距離を見続けている時間は、今よりも少なかったはずです。

「人の目は、遠くの景色を見て、手元の地図と照らし合わせてという具合に、どんな高性能のテレビカメラよりも、はるかに素早く、焦点を合わせることができる優秀なレンズの機能を持っているんだ」と、私は知り合いのカメラマンから聞いたことがあります。つまり目は、その構造から言えば、遠く、近くとあちこちに焦点距離を変えながら使われていることが、自然なあり方なのです。だから、短距離を見る時間がどんどん長くなっている現代は、目にとってはストレスの多い環境なのです。

偏った使い方をすれば、当然、目は疲れます。そして、目からの情報を入力する脳も、やはり疲れやすくなるのです。そこでみなさんにチェックしてもらいたいのは、自分の目がどれくらい疲れた状態にあるのか、目の疲れを量るツボです。

❖ブレインボタンのやり方

右手の人差し指と中指で、左の鎖骨の下を肩の辺りから体の中心に向かって、胸骨の辺りまでたどってください（図1）。そこが、目玉と脳の疲れをチェックするツボ、「ブレインボタン」です。早速、ツボの状態を試してみましょう（写真1）。

まず、右手の手のひらを、ふたをするようにおへその上に当ててください。そして左手の親指と、人差し指、中指を使って、ブレインボタンの上をやさしくマッサージしてあげましょう。子どもたちの多くはくすぐったいと感じますが、大人ではイタ気持ちいいと感じる人が多いようです。もし、鋭い痛みを見つけてしまった人がいても大丈夫です。触り方を加減して、羽根ブラシで触るくらいの軽いタッチで、そのまま一分くらいマッサージを続けてください。

昨日、今日と、あなたはどんな目の使い方をしていたか思い出してください。パソコンに向かって仕事をしていたり、テレビを長時間見ていたり、伝票の整理をしていたりと、人によって何をしていたかはさまざまだと思いますが、ブレインボタンに痛みが出る原因は、目の疲れであることがほとんどです。

楠の木学園の生徒たちも、夜遅くまでゲームをしていたり、携帯電話でメールチェックをしていたりした翌朝には、ブレインボタンをマッサージしながら、「今朝は痛いや」と、きまり悪そうに小声でつぶやいていることがあります。

ブレインボタンは、目の疲れ具合を示すバロメーターであると同時に、やさしくさすってあげることで、その疲れをいやし、体調を整えてくれる調整ポイントでもあります。右手で一分ほどよしよしとケアしてあげたら、今度は、その手をおへそに当てて、左手でも同じようにさすってあげてください。痛みがなくなる

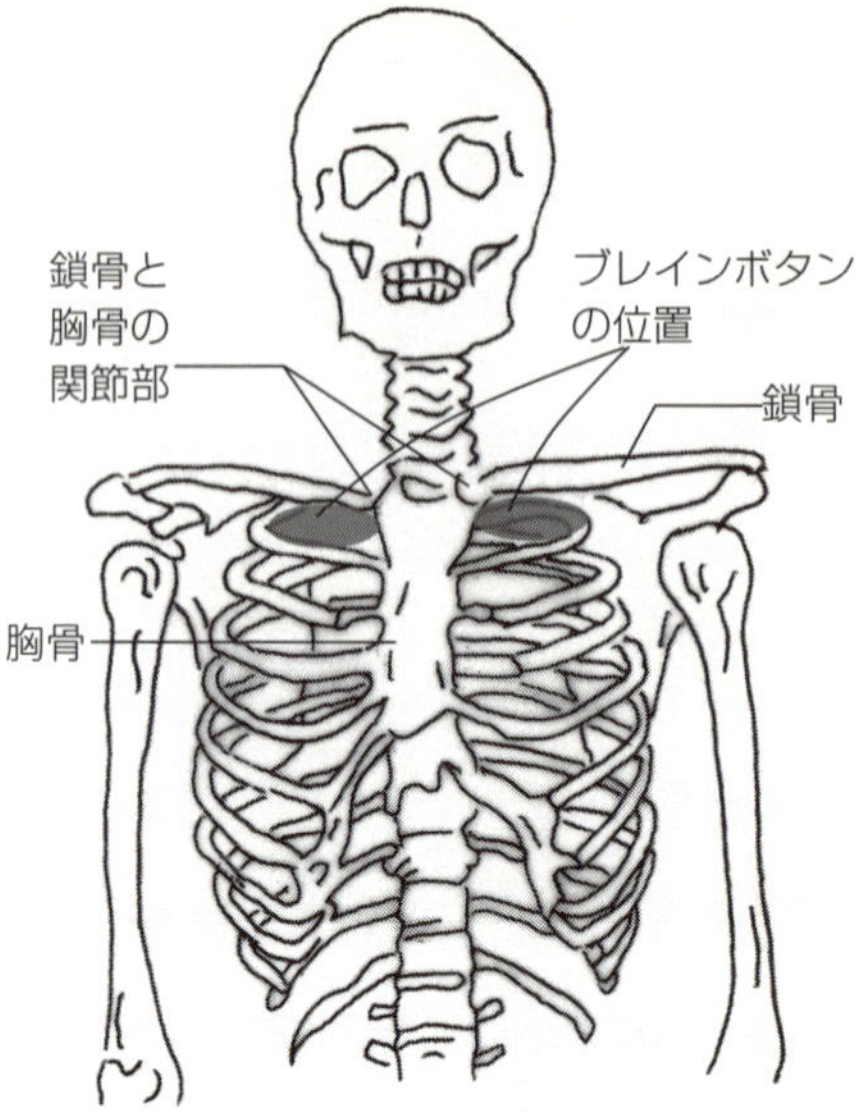

図１　ブレインボタンの位置

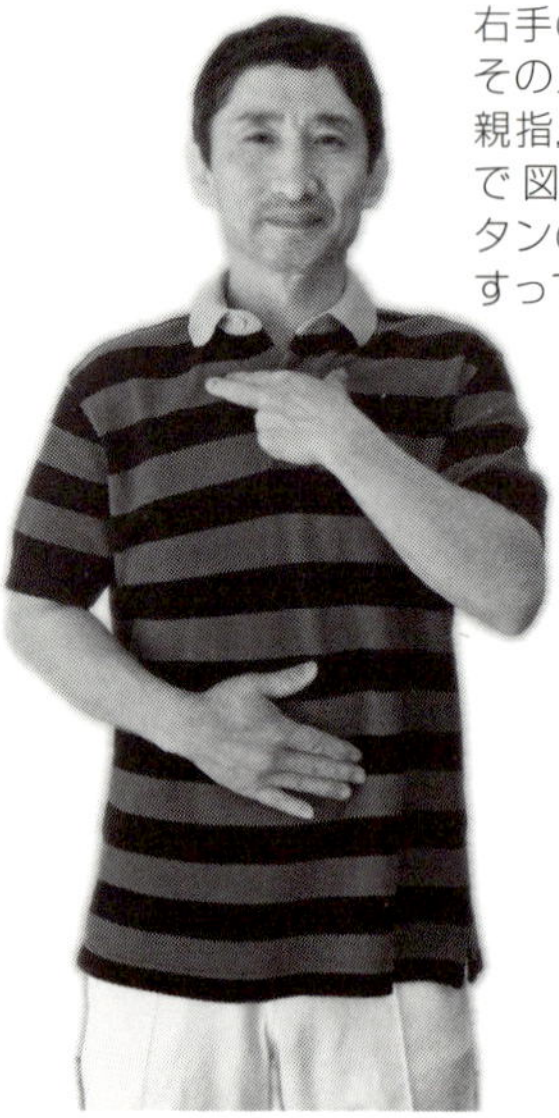
右手の手のひらをおへその上に当て，左手の親指，人差し指，中指で図1のブレインボタンの上をやさしくさすってあげる

写真１　ブレインボタン

と、みんな頭が軽くなってすっきりした感じが得られます。視界が明るく開けて、視野が広がったと感じる人もいます。そばで見ていると、実際にみんな目が輝いて、すっきりとした顔つきになっています。

私たちの目と脳をすっきりとクリアーにしてくれるブレインボタンは、東洋医学のツボの地図で探すと、腎臓ともつながりが深い腎の経絡の上にあります。腎の経絡の上で二七個あるツボの一番最後に数えられる兪府《ゆふ》という名前のツボです。「兪」は輸送する、「府」は何かが集まる場所という意味で、足の裏から始まった腎の気の流れが集まる場所という意味だそうなので、ブレインボタンをやさしく指圧してあげることで、自分の元気が頭まで届きやすくなるのだと考えるとよさそうです。頭をすっきりさせてくれるブレインボタンは、**クリアー（Clear）**がキーワードです。

(3) クロスクロールのやり方——正中線を越える動き

❖ クロスクロールのやり方

水分補給をして、脳をすっきりさせてくれるブレインボタンをスイッチオンにしたら、次はいよいよ動きのある体操です。まずは、右の手のひらで左の膝にやさしくタッチしてください。ゆっくりと手と足を下ろしたら、今度は左の手のひらを右の膝へと動かします（写真2）。この動きは、クロスクロールという名前です。手が体の真ん中の正中線をクロスしていて、赤ちゃんのハイハイ（クロール）と似ている動きという意味なので、日本語にするなら「交差ハイハイ」とでも呼ぶことになるでしょうか？　私はよく「膝をタッチしながら、足踏みを続けてください」と言って説明します。

さて、この膝タッチ足踏みの動きを、左右交互にゆっくりと、自分が心地よいと感じる速度で続けてください。目安は二〇回くらいです。時間にして一分とはか

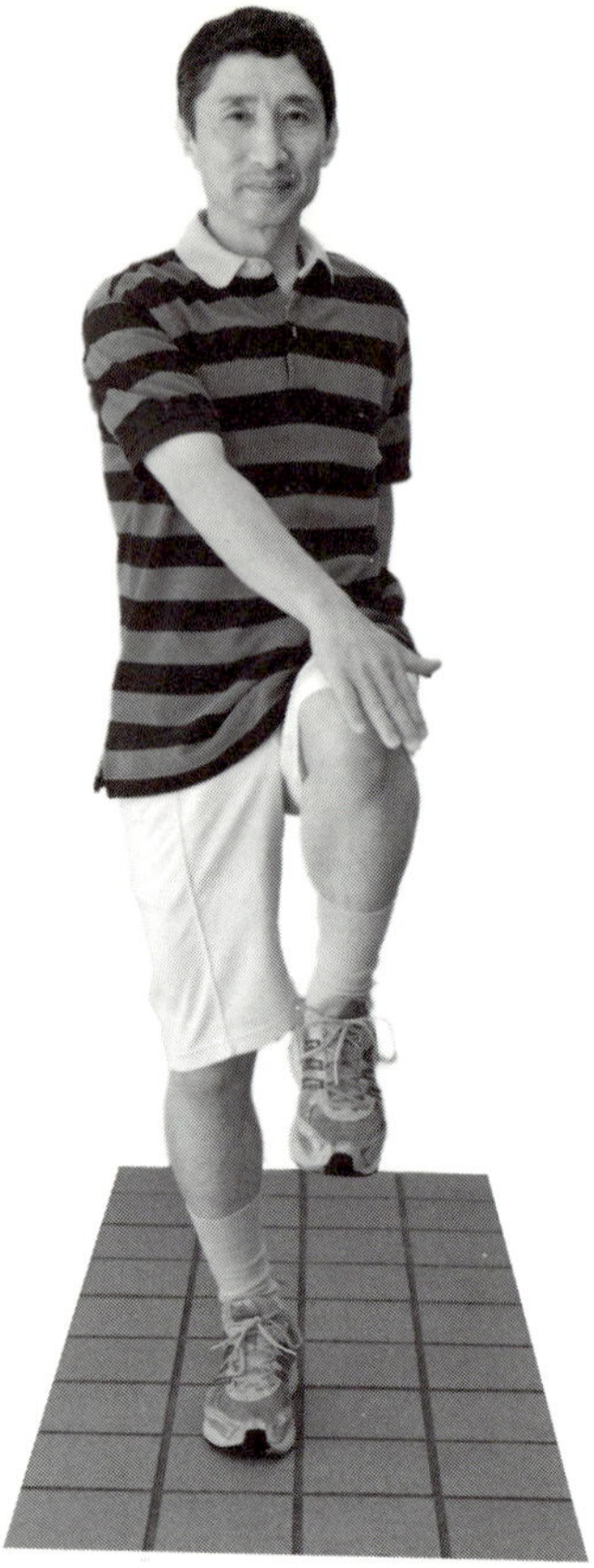

写真2　クロスクロール

右手の手のひらで左の膝にやさしくタッチする。ゆっくりと手と足を下ろしたら，今度は左手の手のひらを右の膝へと動かす

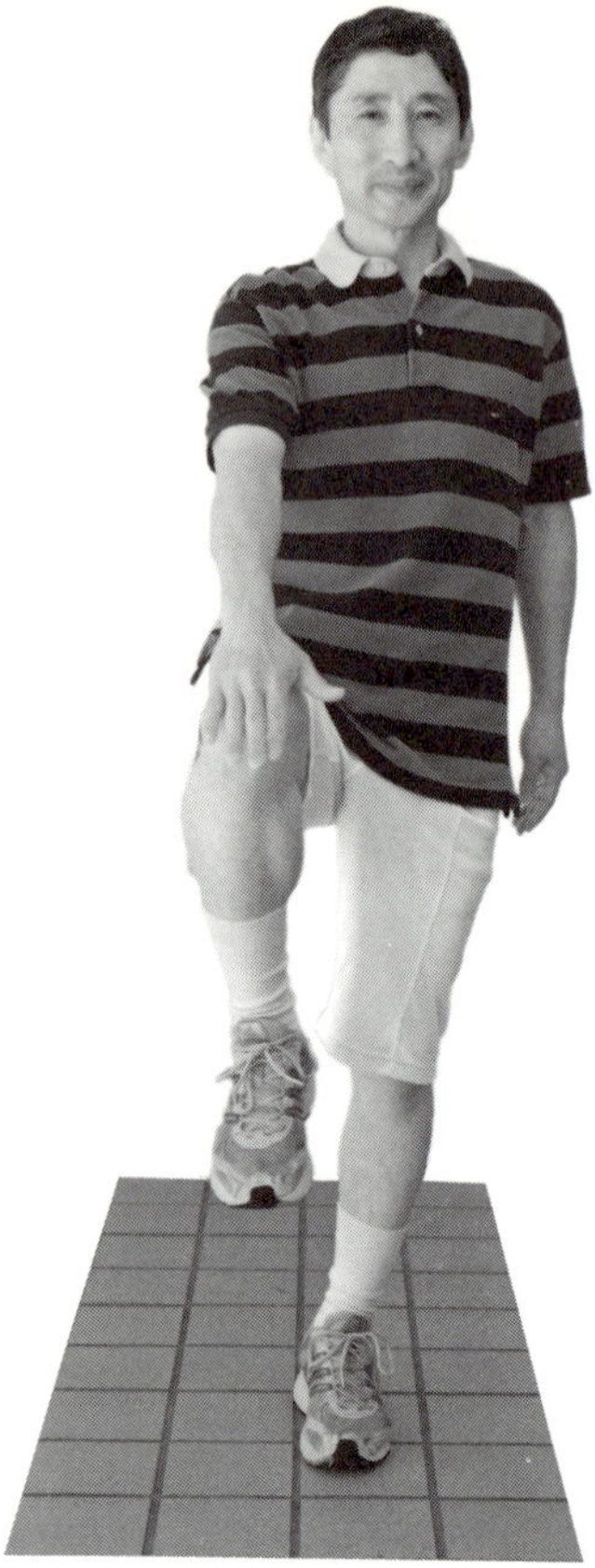

写真3　ワンサイドクロール

クロスクロールの動きを見ていてもクロスさせることができず，右手の手のひらで右の膝，左手の手のひらで左膝にタッチしてしまう人がいる

かりません。もし、足元が危ないと感じる人がいたら、どうぞ椅子に座って試してください。楠の木学園の生徒たちの中には、最初、目立たないように椅子に座ってそっと膝タッチをしていて、いよいよ大丈夫と確信するまで、なかなか立ち上がってやらない人もいます。

　ブレインジムは、楽しく動くことが原則ですから、みんな自分のやりやすいような形で参加してくれていいのです。もし、すぐに動きに参加できない人がいても、一緒にその教室にいるだけでも、いつの間にか体がみんなの動きに反応して、わかるようになっていくものです。一つの動きを身につけるためには、一人ひとりに必要な時間があるので、椅子に座ってクロスクロールする人も、体操をしない人もありにして、ゆったりとした動きを続けてください。

横浜市内の小学校からお呼びいただいて、初対面の生徒たちと、教室でこのクロスクロールをしたことがあります。三、四年生のクラスなら、二、三人は、クロスしない、いわばワンサイドクロールの動きを見せてくれる人がいます（写真3）。担任の先生に、「あの子たちは普段どんな様子ですか」と尋ねると、「なんでわかるんですか?」と、ちょっと驚いた表情を見せて、彼らが勉強についてゆくことに苦労している様子を話してくれました。正中線を越える動きを、体が楽にできているということは、右脳と左脳という二つの脳半球の間にも活発な情報のやり取りが可能になるということを意味するのです。そして、この能力は、子どもたちが楽しく学びを積み重ねるためには、なくてはならないものなのです。

前章では、原始反射の名残りが、子どもたちの成長に対して、まるで邪魔をする、ブレーキのような働きをしてしまっている様子をお伝えしてきましたが、一方、このクロスクロールの動きが楽にできるようになることは、反射の名残りを統合して、感覚の独特な過敏さや、ちょっとした予定の変更にも不安や恐れ、怒りなどを感じてしまう、その人の個性と思われているようないわば「生き方の癖」を、もっと楽に生きられる形へと変えてゆくために、大きな助けとなるのです！

❖いかに楽しく活動するかがポイント

さて、そのためには、クロスクロールをいかに楽しく身につけるかという点に、心を寄せてください。子どもたちは、何が起こるかわからないことに対してドキドキする胸の鼓動や、新しい発見を予感しているときのワクワク感や、美しいものや面白いことに対して

「あー、すごーい！」と共感する体験が、大好きです。感動と共に学んだことと一体化できるのです。

ある小学校の先生は、クロスクロールがまだうまくやれずに、ワンサイドクロールになってしまう人のために、青と赤のシールを用意しました。「今日は青君と赤君のごあいさつを手伝ってあげてください」と言いながら、右の手のひらと左の膝頭に赤いシールを、左の手のひらと右の膝頭には青いシールを貼りました。手と足の協調運動の練習をやらされることに、興味を持てないかもしれない子どもたちも、この遊びには、みんな乗ってくれたそうです。ゆっくりと同じ色がごあいさつする遊びですから、できるとかできないとかの問題ではありません。「赤君が青君にもごあいさつしたいって言ってます」と、楽しく動きをアレンジして遊んだり、「うちの赤君、お散歩に行っちゃった？」と、はがれたシールを探している子をみんなで手伝ったりして、楽しい雰囲気のなかで、クロスクロールができたそうです。

以来、このクラスの子どもたちは、クロスクロールを、歯磨きするのと同じように、一日の学びのリズムに取り入れ続けてくれているそうです。少しずつクロスの動きに反応できるようになってきた、気になる生徒も、笑顔が増えて授業中に自分から手を挙げて質問に答えることも見られるようになってきたということです。

正中線を越える動きは、獲得するまでに、人によっては、時間がかかることもあるかもしれませんが、もし周りで応援する人たちが、その子が自分のペースで学ぶことに寄り添って共に進んでくれるなら、どんなに力強い味方を得ることになるでしょう。クロスクロールのキーワードは活動的・**アクティブ（Active）**です。学ぶこと、そして生きることに、子どもたちが笑顔で活動的に取り組めますようにと願いつつクロスクロールをお試しください。

⑷ フックアップ——つなげる動き

ブレインジムと初めて出会う人たちに必ずお伝えす

る入門編は、四つの動きからなっています。ここまで、水、ブレインボタン、クロスクロールと、もう三つ紹介しました。そこで、四つ目の体操はフックアップです。この動きは、前半と後半の二つのパートを組み合わせて一つとして数えます。フックアップとは、つなぎ合わせるという意味です。「私は何をつなぎ合わせたいの？」と、自分に尋ねながら動いてみてください。

❖フックアップ・パートⅠのやり方

パートⅠでは、正中線上に腕と脚を8の字に交差させます（写真4）。もし、脚をこの形に組み合わせようとして、グラグラと足元が不安定になると感じる人がいたら、どうぞ椅子に座って試してみてください。脚は何とか写真の見本のようにできても、腕の交差が難しい人もいるかもしれません（小学校三、四年生くらいまでは、よく見かけます）。そんなときは、手の指を組んで胸の前に置くようにしてもかまいません（写真5）。

お腹にゆったりと息を吸い込んでいることを確認したら、余裕のある人は、息を吸い込むときには、舌を口の中の天井に当ててみてください。ちょうど舌鼓を打つような感じにです。そして、息を吐くときには、舌を離します。一分ほど続けたら、普通はそれで一区切りなのですが、楠の木学園の生徒たちにとって、自分が必要なものとのつながりを強めてくれるフックアップは、人気のメニューなので、腕と脚の組み方を逆にして、さらに一分間続けます。このとき、目をつぶったほうが、心地よく感じる人は、どうぞそうしてください。

大人にとって一分はあっという間ですが、子どもたちには、同じポーズを一分間続けるのは、とても長い時間に感じられるようです。最初は、一呼吸したらすぐに腕と脚を組み替えて、さらに、もう一呼吸するくらいでもいいかもしれません。時間は、グループの様子を見て、微調整していいでしょう。

楠の木学園では、毎朝、お腹でゆったり呼吸できていることを確認しながら、「はー、よしよし！」と声に出して、自分が今日もみんなと一緒に息を合わせて

写真5　フックアップのお祈りのポーズ

フックアップで腕を8の字に組むのが難しい人は，手の指を組んで胸の前に置くようにしてもよい

写真4　フックアップ・パートⅠ

正中線上に腕と脚を8の字に交差させる

いられることを確認しています。動くことが習慣になれば、「いったい何によしよしといっているのか？」なんて、いちいち疑問に思ったりせずに、一緒に声を合わせてくれます。だから、体操をリードしている私が、心の中で「みんな笑顔で、今日もこうして一緒にいられることに感謝です。私たちは今日も困ったことがあれば、支

え合って進んでいきます」と唱えるだけで十分です。

❖気持ちが落ち着いて血圧が下がった

体操を試してみればわかることですが、正中線上で交差点がたくさんできるこのポーズは、気持ちを落ち着かせてくれる効果があります。知人の母親が、医者に行くといつも血圧が高いと言われて、そのことを考えるだけで気持ちが落ち着かなくなって血圧が上がるというので、フックアップのやり方を教えたところ、待合室で椅子に座っている間にパートⅠをしばらくやっていたら、この日は血圧が正常範囲に収まっていたそうです。血圧降下剤を処方されなくてもすんだと、お礼を言われました。気持ちを落ち着けるためにすめたフックアップが、血圧にもそんな影響があることに、最初は私も驚きましたが、慣れてきたら、そのうち普通に感じるようになって、最近では、血圧が心配な方にもよくおすすめしています。面白いのは、高血圧の人は測定値が下がるのですが、低血圧の人がフックアップを試すと、逆に血圧が上がるという現象です。低血圧で朝はなかなか起きられない、という人は、布団の中で試しみてください。

パニックを起こしやすい人にも、調子が悪くなったら、水を飲んでパートⅠのポーズを自分でできるように覚えてもらっておくと、お互いに助かります。

❖フックアップ・パートⅡのやり方

次にパートⅡの動きに移ります。交差させた腕と脚をほどいて、脚は普通に揃えて立ち、腕は正中線上で、お腹の辺りに置いて指先を合わせます（写真6）。楠の木学園では、やはりこのときも気持ちを鎮めて、指先を合わせた掌の中に自分がいるつもりになって、「はー、よしよし！」と声を合わせて唱えています。パートⅡも一分ほどで一区切りにします。

フックアップのキーワードは、肯定的・**ポジティブ（Positive）**です。

写真6　フックアップ・パートⅡ

フックアップ・パートⅠで交差させた腕と脚をほどいて，脚は普通に揃えて立ち，腕は正中線上で，お腹の辺りに置いて指先を合わせる

(5) 自分をペース（PACE）する

ブレインジムの入門編とも言える最初の動きは、次の四つでした。

①水を少しずつ飲む（Energetic）
②ブレインボタン（Clear）
③クロスクロール（Active）
④フックアップ（Positive）　（　）の中はキーワード

この順番で試すと効果的です。毎日、繰り返して体が覚えるようになると、課題に向かい集中して取り組む準備が整うまでに必要な時間が、短くなっていきます。四つの活動のキーワードの頭文字を並べるとＰＡＣＥ（ペース）となります。肯定的で活動的、そしてすっきりとクリアーでエネルギッシュな自分を思い出すために、「ペースできていますか?」と自分に問いかけ、必要だと感じる活動を行なうようにしてゆきましょう。

大人だったら、三カ月ほど続けていると、体が動きを覚えて、いちいち考えなくても必要な動きがわかるようになってきます。反応が早く現われるようになるので、最初の頃は、二〇回くらいクロスクロールをやらないと軽やかに動きだせる自分が見つからなかった人が、五、六回やっただけで、頭が切り換えられたことがわかるようになってゆきます。子どもたちは大人に比べると、体が慣れるのもずっと早く、みんな習った動きを自分用にアレンジして使いこなせるようになってゆきます。算数のプリントに取り組んでいて、能率が落ちたら、立ち上がって水を飲んで、ブレインボタンをやって、「あ、わかった！」と席について、また問題を解くといった具合です。ペース（PACE）は、四つ全部試しても、三分とはかかりません。どうぞ、必要だと思ったときには、いつでも自分をペースして、それから、やるべき課題へと向かってみてください。

楠の木学園では、朝のホームルームで、みんな自分をペースしています。一緒に体操すると笑顔がたくさん見られるので、それだけでも軽やかな雰囲気に包まれて、得した気分になります。椅子に座ったまま遠慮がちに動いている人も、見ているだけの人も、同じ空間にいて体操の動きを体で感じています。ブレインジムは、楽しく動くことが大切なので、自然に体が動くまでに時間が必要な人には、「一緒にいてくれてありがとう」と声掛けしながら、それぞれ自分のペースで体操しています。

実際にペースを教室で試してくださった学校の先生方からは、「静かに授業を始められるようになった」「集中して取り組める時間が伸びた」といった声をお寄せいただいています。また、「テストの前にやったら、クラスの平均点が上がったよ！」といった新しい使い方を教えてもらうこともあります。水分補給と、シンプルな三つの動きを組み合わせたペースは、いつでも、誰がやっても効果がありますが、疲れを感じているときや、集中力を高めたいときには、とくに効果がはっきりと感じられます。ブレインジムを始めるなら、まずはペースからです。どうぞだまされたと思って、お試しください。

2 目の動きが変わってくる
──レイジーエイト

❖目の動きは脳の活性化につながる

ブレインジムでは、目をケアすることが、子どもたちの成長に大きな意味を持つと考えます。私たちの両目がストレスを感じずに働くことは、子どもたちの楽しい学びを支える大きな柱の一つです。目は、動眼筋という六つの筋肉の働きによって、自分の思った方向を向くことができます。腕や脚と同じように、目も筋肉が伸び縮みすることで動いているのです。手足の大きな筋肉を曲げ伸ばしする機会が少なくなっていくと、筋肉が伸び縮みする幅が狭まり、いわゆる体が固くなるという現象が見られますが、もし、動眼筋で同じような状況が起こるとしたら、事は重大です。

腕や肩、背中の筋肉は、活躍する機会が減ると、例えば四十肩のような痛みを伴う症状を出して、「もっと私たちを使うように生活に動きを取り入れて、私たちを活性化してください!」と、訴えかけてきます。目の周りには、感覚器官である耳、口、鼻、そしてその奥には脳があるので、この辺りの痛みを伴う症状は、できるだけ避けたいものです。現代の都会の生活では、目の前のほんの小さな空間しか見ないでいるうちに、時間が過ぎていきます。

仕事でコンピューターの前に座る時間が増え、さらに電車で移動しているときも、ゲームやスマートフォンの画面を見続けているとしたら、目と脳に元気で長持ちしてもらうためには、一日のうち少しでもいいから、遠くの山や空、水平線の向こうにまで目を向ける時間を確保したいものです。目の動きが柔軟に保たれることは、目だけの問題ではなく、私たちの耳や鼻、口、そしてすぐ隣りにある脳の働きを応援することにもつながってくるのです。

❖あなたは両目で見ていますか?

そして、見る能力を育てるうえで忘れてはいけないもう一つの大切なポイントは、「両目で見る」ということです。左右に並んだ二つの目で前方を見るとき、私たちは空間の奥行きを感じながら見ることができるのです。この能力は、三次元の空間での立ち居振る舞いが、軽快にできるために重要です。ところが、ストレスがかかると、私たちは、両目からの情報を処理するのをやめ、片目だけで見るという目の使い方をしたりするのです。みなさん、どうぞチェックしてみてください（写真７）。

目に近いほうの右手は、赤いマジックペンを持っています。そして、遠いほうの左手には、青いマジックペンを握っています（自分に近いものは赤く、遠いものは青いほうが、私たちの目は見分けやすいそうです）。まずは、近いほうの赤いペンに焦点を合わせて見てください。そのときに、青いペンはどう見えるでしょう？　私は、子どもたちとこの遊びをするときに、「青はいくつ見えますか？」と尋ねます。もし、「二つ！」見えたとしたら、恐らくあなたは、片方の目だけを使って見ています。片目だけで見たほうが楽だと体が判断して、よりストレスのかからない方法を選んでいるの

目に近いほうに赤いマジックペン，遠いほうに青いマジックペンを持つ。赤いペンに焦点を合わせると，青いペンはどう見えるか？　青いペンに焦点を合わせると赤いペンはどう見えるか？

写真７　両目で見る力のチェック方法

かもしれません。
次に、遠いほうの青いペンに焦点を合わせてみましょう。赤はいくつ見えましたか？　やはり一つ見えた人は、この辺りの距離のものも、片目だけで見ています。

写真８　両眼視練習用のフェルトボール

それでは次に、一番遠くを見てください。赤と青はそれぞれ二つずつ見えているでしょうか？　やはり片目だけしか使っていないとしたら、赤も青も「一つ」見えることになります。近くの赤→遠くの青→一番遠くの景色、と見たら、また、景色→青→赤と順番に焦点を合わせていきます。この遊びは、両眼視のチェックをしながら、視力をアップする効果もありますので、思い出したときに少しずつやってみてください。

なかなか像が二つに見えない人は、誰かほかの人がやっているときに、その人の前に立って、目の動きを見せてもらいましょう。瞳が内側に寄ったり、離れて平行になったりする様子がわかりますので、自分の目が同じように動いているところをイメージしながら、続けてみてください。子どもたちとこの遊びをするときには、ペンでは興味がわかないこともありますので、楠の木学園では、生徒たちがフェルトのボールをつくり、これをひもに通したものを、「両眼視練習ツール」として使っています（写真8）。（簡単につくれるので、手芸の心得のある方は、どうぞお試しください）。

やっているうちに、目が回ったり、気持ちが悪くなりそうだったら、78頁に紹介した基本の四つの活動（①水を少しずつ飲む、②ブレインボタン、③クロスクロール、④フックアップ）の中で、自分が必要と感じるものか、または四つとも試して、ひと息入れてから、また続けてください。敏感に反応する体ほど、その動きを必要としているというケースがよく見られるので、ゆっくりと安心できる自分のペースで続けることが大切です（ブレインジムを始める前に、右〇・七、左〇・九だった私の視力は、一〇年ほど続けている現在、両目ともに一・二です！）。

❖目玉の体操・レイジーエイトのやり方

レイジーエイトは、視野を広げ両目で見る力を育ててくれる目玉の体操です。数字の8を横に寝かせると、怠けた（lazy）感じに見えるというのが名前の由来です。横8の字の中心を通過するときは、盛り上げる方向に向かいましょう。一周するのに一〇秒以上かけて、ゆっくりと動く手の親指の爪の辺りをゆっくりと両目で見ます（メガネは外すことをおすすめします）。

二～三周したら、もう一方の手でもやってみましょう。右手と左手を交互に使うことは、左脳と右脳をそれぞれ活性化することにつながります。そして、最後に両手の指を組んで親指が目の前で交差するようにして、その交差点の×を見ながら、やはり二～三周続けてください（写真9、10）。

この動きは、ゆっくりやることが大切です。文字を読むときに、自然に目がいく∞形の交差点の辺りで、まばたきを繰り返したり、目線がパッと先に跳んでしまったりすることがあったら、その人にとっては、目の前のものを、両目でじっくり見るという行為は、大きなストレスを伴うことかもしれません。黒板を見ながらノートに書き写すというような、学校では当たり前のように要求される作業も、すごく疲れる仕事となっていることが予測されます。へとへとになるほどがんばっても、時間内に板書を写し終えることがやっと、というようなつらい状況におかれているのですか

写真9　レイジーエイト①

右手の親指を立て，その指先を両目で見つめながら，親指を横8の字（∞）に動かす。1周するのに10秒以上かけて，ゆっくり2～3周動かしたら，もう一方の手でも同様にやってみる

写真10　レイジーエイト②

最後に両手の指を組んで親指が目の前で交差するようにして，その交差点の×を見ながら，2～3周続ける

ら、先生からさらに、内容について説明しろなんて言われたら、勉強を好きになるなんてできる話ではありません。

「黒板の真ん中辺りはチカチカと光っているように見えて、うまく読めないんだ」と感じたり（26頁）、本を読もうとしても、紙面の中央辺りの文字が歪んで見えたり、文字が躍るようにピョンピョンと飛び跳ねて見えたりしているかもしれません（27頁）。

❖視野が広がると心の奥行きも広がる

楠の木学園では、毎朝、ホームルームでレイジーエイトをやっています。人によって両眼視を身につけていく速度は違いますが、目の使い方がうまくなってくると、みんな文字が読みやすくなり、ノートをとることにも、意欲的に取り組めるようになります。笑顔が増えて、ていねいに書くことが楽しく感じられたり、明るい雰囲気の絵を描いたりするようになります。

B君は、レイジーエイトを始めると、頭も∞形に動いていました。彼は本を読むときには、よく本から顔を遠ざけたり、近づけたりしていました。行を飛ばさないように指を添えてガイドすることもありました。美術では、絵を描く課題は、よくパスしていました。体育で行なう球技は、すべて、「こわい」と言って参加できませんでした。予期せぬことが苦手で、授業に変更があると、パニックを起こしていました。

そこで、〝決められたことは、毎日しっかりやる〟という彼の個性を助けに、私たちは、授業の合間や放課後にも、レイジーエイトで目を動かす時間を、少しずつ増やしていきました。最初のうちは、目と頭の動きを分けて、目だけ動かすという兆しが少しでも見られれば、「いいぞ、B君！　君の目はよく動いている。その調子だよ！」と、そばで見ている人がいたら、大げさすぎて笑ってしまうかもしれないくらいに、彼の努力と成果の偉大さを、言葉にして伝えました。これまで経験のない「目玉だけ、頭とは別の方向に動かす」という運動は、彼にとってはそれほどストレスフルなのです。

半年、一年と、日課のように続けていくなかで、彼の両目は、少しずつ∞の字を追いかけて動かしながら見るコツをつかんでいきました。それと共に、授業の変更があることを伝えても、自分を見失うような混乱も見られなくなり、「変更？ じゃあ、みんなに教えてあげなくちゃ！」と、落ち着いた対応ができるようになっていきました。美術の時間には、ほかの授業の様子を描いた作品に色までつけて、「これが僕で、こっちがA君です」と、笑顔で説明してくれました。体育では、ディアボロ（中国コマ）の練習に取り組んで、友だちとコマをパスすることができるくらいまでに上達しました。彼の両目は、そばで見ている者の目にも明らかなくらいにその視野を広げ、空間の奥行きを感じ取れるようになってゆきました。それと同時に、人間関係をつくってゆくために必要な心の奥行きにも広がりを見せながら、彼は成長してゆきました。

❖見たくないものは見えなくなる？

レイジーエイトを試すときには、まず、水分が足りているかチェックして（何か新しいことを始めるときには、大概、私たちは普段よりも水が必要となります）、前述した「ペース（ＰＡＣＥ）」の三番目の動き「クロスクロール」を、先にやっておくと効果的です。目の動きが、視界の中央付近でスムースにいかない人は、体の動きでも、正中線を越えることが難しい傾向があるからです。∞の形に添って目を動かしてみて、見えづらい場所や〝動きがしぶいな〟と感じるところがもしあったら、とくにしっかりとそこに目を向けて、ゆっくりと何度も、その部分を指が往復するようにして見ることも、効果が早く現われることを助けてくれます。

もしB君のように、一人では∞の軌跡を指先で描くことが難しそうな人がいたら、教えるときに大人が目の動きをガイドしてあげましょう（写真11）。どんなときにも、応援と励ましの気持ちと共に、笑顔で温かい言葉掛けをすれば、苦楽を共にすることになる子どもたちは、必ずや深い信頼を、あなたに寄せてくれるようになるでしょう。

ブレインジムの大人向けの勉強会に参加されたある方は、右横がどうしても見られないといって困ってい

写真9（83頁）の動きでは∞の軌跡を指先で描くことが難しそうな人がいたら，教えるときに大人が目の動きをガイドする

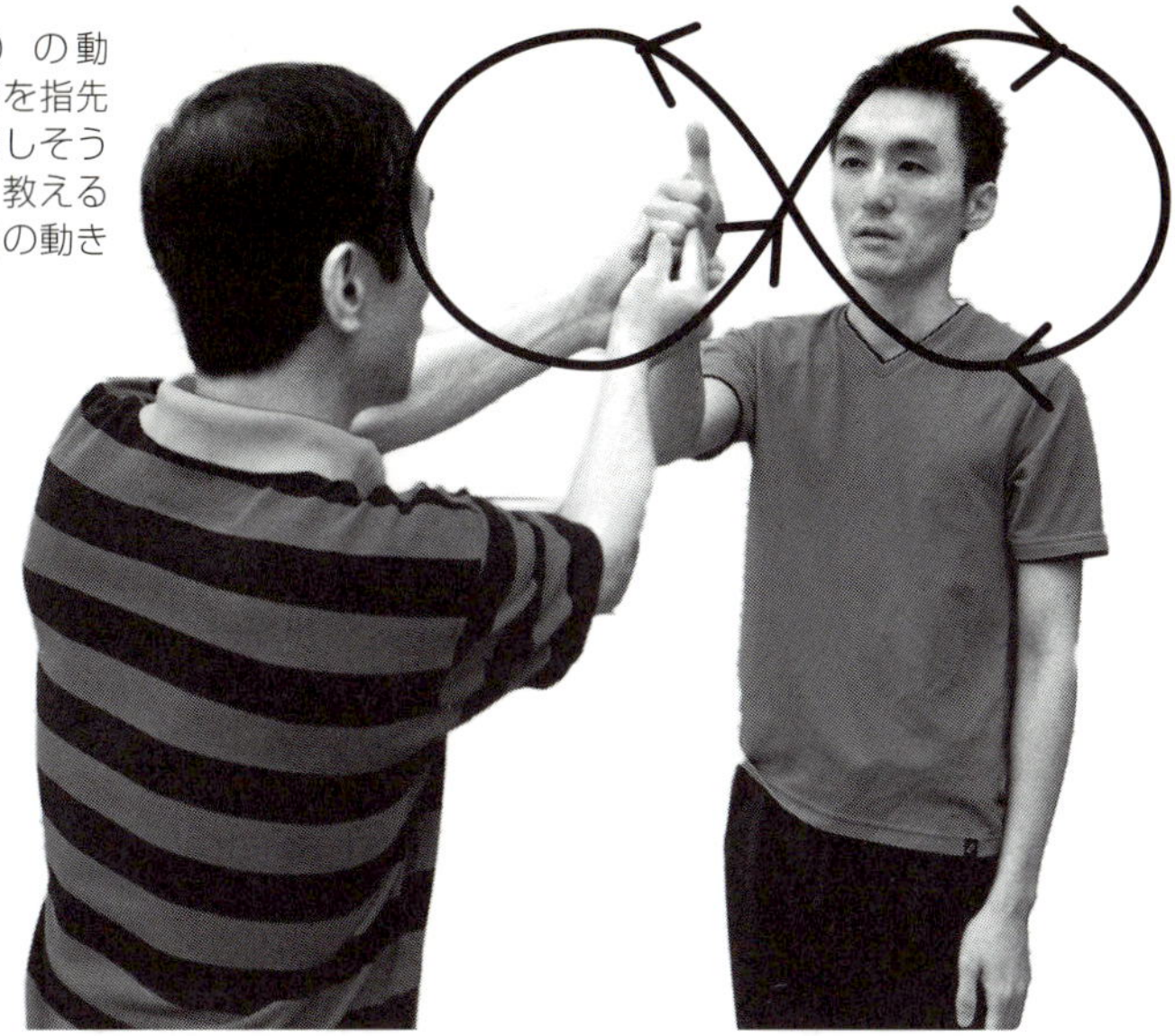

写真11　レイジーエイトの動きをガイドしてあげる

たので、「普段、右側に見えるものと言ったらなんですか？」と尋ねると、うーん、と腕組みを始めて、「職場で、苦手な上司が私の右側の席で、彼の話を聴くことを考えるだけで、頭が痛くなってくるんですよ」とのことでした。私たちの体は賢さを備えているので、必要とあらば、二つある目の片方は使わないようにして、ストレスを軽減しますし、見たくない方向に目が向かなくなるくらいの、生きるために必要な適応は、誰の目でもできることなのかもしれません。彼に「どうしたいのか」と尋ねると、「上司の顔を見て、心静かに会話できるようになりたい」ということだったので、レイジーエイトをしながら、上司と笑顔で会話している自分の様子をイメージしてもらいました（子どもたちと一緒にレイジーエイトを試すときは、大人が目の動きをガイドしてあげることをおすすめします）。最初から∞の形に目を動かすことは、ハードルが高すぎるので、左右と上下から始めます。両目はとても目を開けていられないというので、最初は片目を閉じてやってもらいました。しばらくすると、両目を開けた

ままでも右側が見られるようになってきました！　そのうち「顔の表情が変わってきたな」と思って見ていると、「なんでさっきまでは、あんなに嫌だったんだろう？　何とかなりそうな気がしてきました」と、明るい笑顔になって帰っていかれました。

読むことが苦手と感じている人や、もっと余裕をもって自分の周りを見たいと思っている人が、もしみなさんのそばにいましたら、楽しい雰囲気のなかで目玉を動かす横8の字＝レイジーエイトを、ぜひ試してみてください。

3 耳が痛い話も聴けるようになる
——シンキングキャップ

❖強張る耳をほぐす体操

見ることが楽に感じられるようになる動きの次は、聞くことのストレスを軽減する体操です。第Ⅱ章の「聴覚」の項（29頁）で、自分の周りの音が、全て同じ比重で耳に入ってきてしまう人たちの独特な感じ方について紹介させていただきました。周りから聞こえてくるさまざまな音、窓の外から聞こえてくる車のエンジン音や隣りの席で友だちがひそひそと話す声、そして、壁掛け時計のかすかな秒針の音までが、教壇に立って話している先生の声に重なって聞こえてくるので、〝とても授業に集中できない〟と感じている人たちがいるのですが、彼らの耳には共通する特徴がありました。程度の差こそあれ、みんな耳が固く強張っているのです！　そして、「聞く」をサポートする動き＝シンキングキャップは、まさにそこに働きかけるためのものです。

シンキングキャップ（Thinking Cap）は、日本語に直したら、「考える帽子」でしょうか？　英語で、「ちょっと集中して真剣に考えてよ！」というときに、“Put your thinking cap on!”（シンキングキャップをかぶって！）という言い方があり、ネーミングの由来はそこからきています。

❖シンキングキャップのやり方

このシンキングキャップも、やり方は簡単です。耳介を広げるように引っ張って、耳とその周りの皮膚と筋肉をほぐします。耳の上のほう、横の辺り、そして下のほうの耳たぶとその周りも、やさしくゆっくりと引き伸ばしてあげてください（写真12）。

興味深いことに、子どもでも大人でも、聞くことにストレスを感じている人の中には、耳が固くなると同時に、首と肩の辺りを緊張させて、首をすくめた姿勢をとる人が多く見られます。そこで、体操をするときには、見本を示す人が、肘を左右に大きく広げて、肩甲骨を外側に開くようなつもりで動きを見せてあげることが、大きな助けとなります。肩甲骨に意識を向けてあげることは重要です。この骨が背中の上を大きく滑らかに動くようになればなるほど、私たちの体は、がんばらずに楽にやりたいことに取り組めるようになってゆきます。肩甲骨を、背中にあるもう一対の耳であるかのようにイメージして、耳と肩甲骨を同時に伸び伸びと広げてあげましょう。

耳介を広げるように引っ張って，耳とその周りの皮膚と筋肉をほぐす

写真12　シンキングキャップ

シンキングキャップを日課のようにして続けているうちに、先生の話が楽に聞きとれるようになってきたある生徒は、「わからなかったら、もう一度説明してくださいと安心して言えるようになった」と教えてくれました。聞くことに安心が伴うようになってくると、みんな小さな音に耳をそばだてることを楽しめるようになってゆきます。

楠の木学園の音楽授業は、シュタイナー教育の芸術療法を取り入れており、鉄の棒や銅の板でできた楽器の響きに全身で聞き入り、じっくり時間をかけて響きの体験を味わうことができます。音楽は苦手だったというある生徒は、「今まで音楽の授業はうるさくて辛かったけど、こんな静かな音ならいやじゃないや」と、うれしそうに話してくれました。

❖必要なときにやりたくなるブレインジム

シンキングキャップは、聞くことに関するさまざまなストレスに効果を発揮します。以前、ブレインジムの講習会に参加した人の中に、かるくつまんだだけでも、「イタターッ」と激しい反応を示す耳の持ち主がいました。ここまで耳がストレスを感じているということは、この人には、もしや何か耳の痛い話があるのではないかと当たりをつけて、体操しながら話を聞くと、「実は明日、夫の実家に行く用事があり、姑を訪ねるのだけれど、彼女の話は長くて、なんとなく自分がお説教されているような気分になるので、そのことを考えると頭が痛くなりそうだ」というのです。そこで、姑さんとの会話を、自分はどんな気分で楽しみたいのか、イメージしてもらいながら体操を続けました。

ブレインジムでは目標をしっかりと設定して、そこに向かって動くことが大切であると考えます。この目標は、

①元気が出て（エネルギッシュ）
②わかりやすく（クリアー）
③活動的で（アクティブ）
④自分に対して肯定的（ポジティブ）

という四つのペース（ＰＡＣＥ）のポイントに照らし合わせながら設定すると、動きの効果を効率的に引き

出すことにつながります。このときの彼女の目標は、「私は、〝いつも元気でいてくれてありがとう〟と感謝の気持ちと共に、彼女の話に笑顔で相づちを打っています」というものでした。ペースをして、シンキングキャップをしているうちに、この方の表情が穏やかに変わってきたかと思うと、「なんだかすっきりしました。目標通りにできそうな気がしてきました」と明るい笑顔で会場を後にされました。後日お会いしたときに、そのときのことを、次のように話してくれました。「あの日は、義母の話を聞く前に、シンキングキャップをやっておいたら、白髪の増えた、さびしそうな横顔が目につきました。すると我ながら、びっくりするくらいにやさしい気持ちになって、彼女の話に耳を傾けることができました」。

シンキングキャップに限らず、ブレインジムの動きは、一度体が覚えると、〝必要なときにはその動きをやりたくなる〟という形で、その人の体と結びつきます。もし動きたくなったら、体の声に素直に従って、自分をペースされた目標に向かって整えてあげましょう。

❖乗り物酔いにも効果があるシンキングキャップ

さて、聞くを整えるシンキングキャップは、平衡感覚のトラブルである乗り物酔いにも効果があります。前述の聴覚の項でも耳の構造について書きましたが（31頁）、私たちの耳の中の「内耳（迷路）」という場所には、音を感じとるための蝸牛と、そのすぐ隣りに体のバランスを感じ取るための三半規管があります。シンキングキャップの耳を伸ばす動きは、平衡感覚と聴覚を同時にサポートしてくれるのです。乗り物に酔いやすいと感じている方は、バスや電車に乗る前に、まずは、ブレインジムの四つのペース（ＰＡＣＥ、78頁参照）して、それから、シンキングキャップを試してみてください。

以前、ある小学校の先生に、〝明日は遠足〟という日に、ブレインジムをお伝えしました。バスが苦手な子どもたちと、早速、耳伸ばしを試したところ、「この日はクラス全員が移動中に元気でいられました！」と驚きを隠せないといった様子で、わざわざ連絡をくださいました。シンキングキャップの酔い止め効果は、水を飲んでから行なうことで深まります。また、酔いやすいという人の中には、車やバスに乗り込んだとたん、車中の臭いですぐに酔ってしまう人もいるので、乗り込む前に体操するようにしましょう。

電車の中でも、街に出かけても、現代の生活はうるさいくらいに音が満ち溢れています。「そんな環境で、聞くことがつらいという人がいるのは、むしろ自然なことであって、このやかましい世の中に適応しているつもりでいる私たちの感覚が、実は麻痺しているだけかもしれない」、生徒たちと共に日々学ぶなかで、そんなことも考えさせられます。聞くことが苦手な人がいたら、大きな音をたてないように気をつけて、静かな声で話すように心がけ、〝がんばり過ぎなくてもいいよ〟と支え合える、柔軟で寛大な世の中をつくっていく必要性を、彼らが示してくれているのではないかという気がすることもあります。

聴覚（聴くこと）と平衡感覚（バランス）を活性化してくれるシンキングキャップも、ブレインジムのほかの動きと同様に、いったん体が覚えれば、短時間で効果の現われを感じられるようになりますので、聞くことにストレスを感じやすい方には、日々活用していただくことをおすすめします。

4 首・肩・腕をつなげて滞りを取る
――アウル

❖ 肩こり銀座に注目！

目と耳を活性化したら、次は背中にも注意を向けてあげましょう。前項のシンキングキャップも、背中を伸び伸びと広げながらやることが、効果を高める一つのポイントでしたが、頭と上肢（両腕）を胴体とつなげてくれている肩の筋肉を活き活きとさせてあげることは、子どもたちだけでなく、大人にとっても、大切なセルフケアのポイントです。

肩の筋肉が緊張することが多くなると、首をすくめて、前かがみの姿勢になることも多くなります。第Ⅲ章で紹介した「原始反射の名残り」を持っている人は、とくにそんな姿勢になりやすいです。学びのストレスを軽減するためにも、自分の体に長く元気でいてもらうためにも、肩の筋肉を活性化することによって、徐々に反射の影響から解放されていくことは、重要な意味があります。

図2は肩の筋肉の中で、一番大きな僧帽筋のものです。中世ヨーロッパで、キリスト教の修道士が着ていた僧衣のフードを、かぶらずに後ろにぶら下げておくと、ちょうどこの筋肉の形と重なって見えることから、そう名づけられたということです。後頭部からはじまって左右の鎖骨の端と第一二胸椎までを覆っている大きな筋肉です。この僧帽筋の上の部分こそ、肩こり銀座と名づけたくなるくらいに、もんでもらうとほとんどすべての大人たちが〝気持ちいいー!〟と感じるところです。肩身が狭い思いをしていたり、〝肩に重荷を背負いながら生きているなあ〟と感じたりしている人たちの多くは、ここに痛みや凝りがあります。触らせてもらうと、実際に筋肉の一部が固く強張っているのがわかります。

❖アウルのやり方

ブレインジムの、僧帽筋を活性化する動きは、アウル(Owl = ふくろう)という名前です。①まず、左手で右肩の外側を軽くつかみ、右肩を少し後ろに引いて、肩にかかる圧力を高めます。②顔を右に向けて、息を吸い込みます。③息を吐き出しながら、顔を左のほうへ動かしていきます。そして、同時に「ホーッ」とフクロウの鳴き声のように声を出します。④首が完

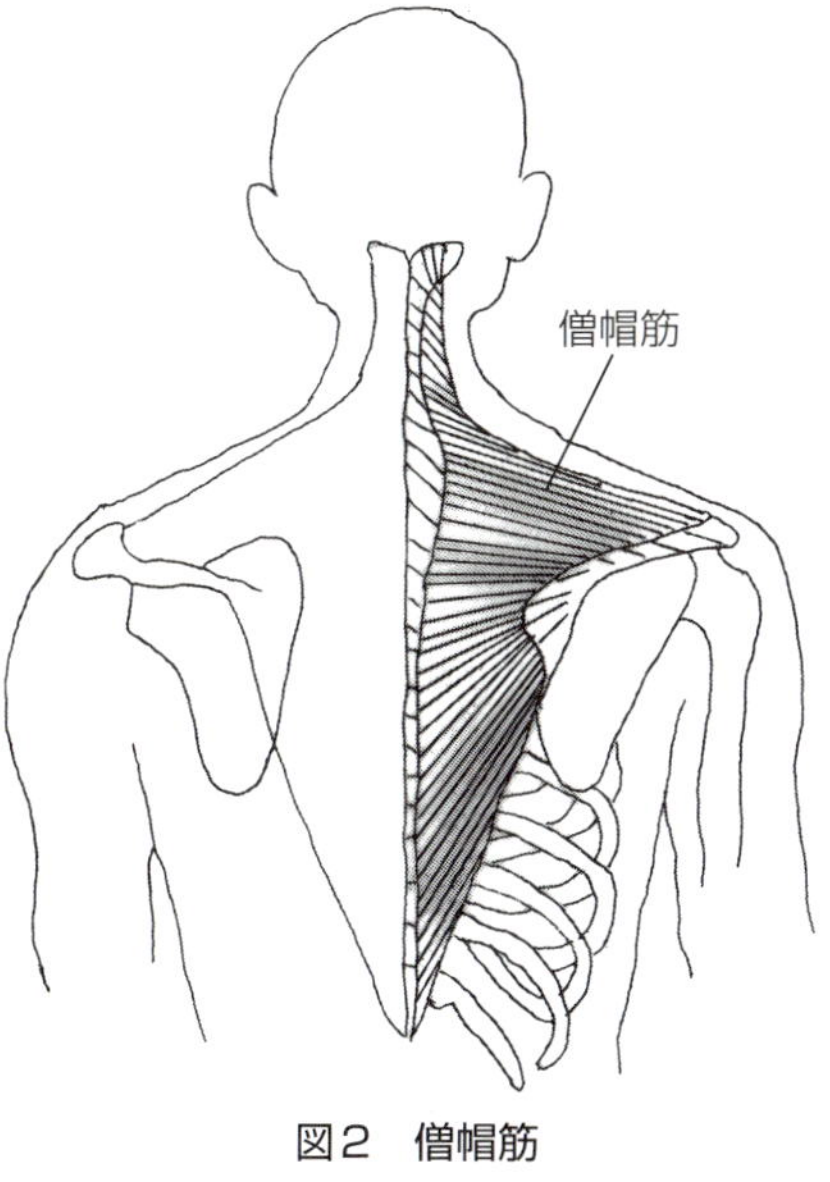

図2　僧帽筋

全に左を向いたら、ひと息入れて、今度は右に顔を動かしながら「ホーッ」と声を出します。⑤次に肩の外側をつかんでいた左手を、背骨に近いところへとずらして、同じように②～④の動きを繰り返します。⑥さらに、左手は背骨のすぐ横の辺りをつかみ、②から④を繰り返します（写真13、14）。

これで右側の僧帽筋が活性化されました。左肩と右肩とを比べて、動きの効果による違いを確認してから、今度は、右手で左の僧帽筋をつかみ活性化しましょう。

読んだり書いたりすることがうまくいかなくてストレスを感じている生徒たちに試してもらうと、肩を伸び伸びさせてあげることの効果が、そばで見ている人の目にもよくわかります。大人の方も、デスクワークの能率が落ちてきたなと感じたときなどには、まずは水分を補給してから、レイジーエイトやシンキングキャップと合わせて、このアウルをお試しください。

一日に何時間もパソコンに向かっている人は、それだけで、僧帽筋に十分すぎるくらいの負荷をかけています。さらに、通勤時間にステレオヘッドフォンで音楽を聞きながらスマートフォンの画面をのぞきこんだりしていたら、前かがみになって近距離に焦点を合わせるために、僧帽筋は一日中、酷使され続けることにもなりかねません。

「ありがとう私の肩、今日も硬く強張らずにしなやかに柔らかくいてくれて」という気持ちと共に、アウルで肩を活性化してあげましょう。

ホーッと声を出すのは、息を吐きながら僧帽筋をストレッチするためです。「息を吐きながら首を回して！」と言っても、子どもたちは、つい息を止めてしまうことがあるので、「森のフクロウさんのようにホーッと鳴きながら横を向いてください」と声掛けします。フクロウは、脊椎動物の中ではトップクラスの可動域の広い首の骨（頸椎）の持ち主です。私たちも、この鳥の首のしなやかさにあやかりたいものです。

また、フクロウが英知を携えた存在として描かれているお話は、世界中にあるので、子どもたちにも受け入れやすいイメージのようです。小学生が、クラス全員で「ホーッ」とフクロウになって声を合わせている

写真13　アウル①

①左手で右肩の外側を軽くつかみ，右肩を少し後ろに引いて，肩にかかる圧力を高める。②顔を右に向けて，息を吸い込む

首が完全に左を向いたら、ひと息入れて、今度は右に顔を動かしながら「ホーッ」と声を出す

写真14　アウル②

③息を吐き出しながら，顔を左のほうへ動かしていく。同時に「ホーッ」とフクロウの鳴き声のように声を出す。④首が完全に左を向いたら，ひと息入れて，今度は右に顔を動かしながら「ホーッ」と声を出す
⑤肩の外側をつかんでいた左手を，背骨に近いところへとずらして，同じように②～④の動きを繰り返す
⑥さらに，左手は背骨のすぐ横の辺りをつかみ，②～④の動きを繰り返す
①～⑥を終わらせたら，右手でも同様にやってみる

場面に居合わせたら、誰もが微笑まずにはいられない、愛らしさです。

❖力の通り道をふさぐと肩こりに

アウルをしたあとに「どんな変化があったか」と、生徒たちに尋ねると、

「視界が広くなって自分の周りが明るく見えてくる」という声をよく聞きますし、周りの音がよく聞こえるようになる人もいます。彼らの気づきは、感覚器官が相互に精妙に結びついていることを、私たちに教えてくれています。肩が柔軟に保たれていることは、決して肩だけの問題ではなく、「見る」や「聞く」にも関わってくる、私たちの元気を支える大切な柱の一つと言ってもいいでしょう。

肩こりは、現代ではもはや、私たち大人にだけにつきものの症状ではありません。年齢幅はとても広く、楠の木学園にも、「私、小学生のときから肩こりなんです！」なんていう筋金入り（？）の生徒がいたりします。彼らに尋ねてみます。「腕ってどこからどこまでだと思う？」。ほとんど全員が、指先から肩口までを指さして、「この辺」と答えます。でも、私たちの実際の腕は、もっと長くて大きなものなのです（図3）。腕は、指先から手首→前腕骨→上腕骨までのぼってきたら、さらに、背中にある肩甲骨に、肩甲骨は鎖骨に、そして鎖骨は胸骨へとつながっているので、骨のつながりから見ても、肩甲骨がある背中の上半分と鎖骨がある胸の上部まで、上半身の大部分は私たちの腕なのです！

骨の構成も特徴的です。私たちの五本の指は、手首の部分で四つの手根骨につながり、さらに、そこから三つの骨が前腕部と関節をつくっています。前腕部は、父さん指側にある橈骨《とうこつ》と、ほぼ一尺の長さであるという尺骨《しゃっこつ》の二本が、太くたくましい一本の上腕骨とつながっているのです。腕の骨は、肩口から指先に向かって、一、二、三、四、五と数学的に見ても美しい構成を保っています。肩甲骨と鎖骨までを含む大きな腕を、自分の腕としてイメージできれば、「私たちの腕は外の世界に向かって働きかけることができる器官だ！」という実感につながっていきます。

「肩に力が入る」という言い回しがありますが、力は私たちの中心から発して、肩→腕→手と通り、ワクワクしながら外の世界を形づくっていくために使われるべきで、肩に入ったまま、そこにとどまっているべきものではないのです。肩は本来、力の通り道としてつくられているのに、一生懸命に、立派にやらなければという気持ちが大きすぎたりすると、がんばろうと思う気持ちが、外に向かうべき力を、肩の辺りで滞らせ、私たちの肩を硬く固めてしまうのです。運動感覚の項（36頁）でも紹介しました、いわゆる力んだ状態をつくり出すことになります。

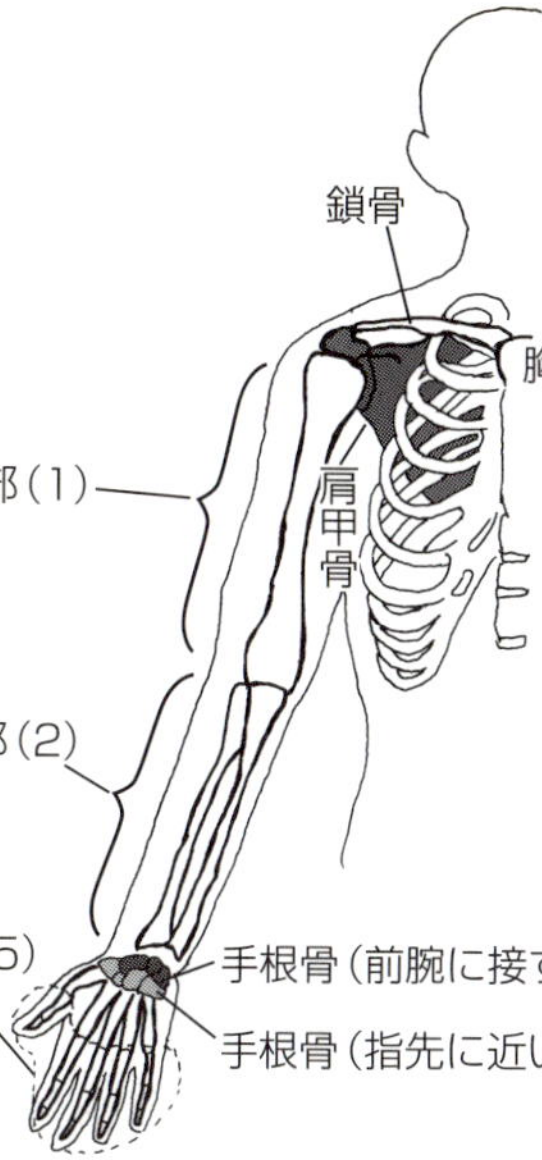

図3　長大な腕の骨のつながり

❖がんばらずに生きていくには

僧帽筋が力んで、必要以上に緊張すると、肩甲骨が上に引っ張られて肩が上がってしまいます。私たちが「あがる」（緊張する）ときには、実は肩も上がっているのです。動きを真似してみるとわかりますが、肩が上がると、いわゆる身をすくめた状態になり、これではお腹に息が入ってこれないので、胸だけで浅く息をすることになります。同時に前かがみのいわゆる猫背になるので、この状態で机に向かえば、すぐに重い頭を支えることに疲れて、やがて、私たちは頬杖をつくことになります。そうなると、本来なら、背すじをしなやかに伸び伸びとさせるために働いているはずの筋肉が、機能しなくなります。当然、これらの筋肉から脳を目覚めさせるために脳幹の網様体に送られる信号の量も減りますので、脳にとっては、居眠りするのに好都合な条件が整ってしまうのです。

①がんばろうと強く思うと肩が上がる
↓

②それに伴う緊張からくる前かがみの姿勢

↓

③脳が筋肉から受け取る賦活信号が減る

↓

④脳は居眠り状態となる

こんな図式に心当たりがある人はいませんか？「私が居眠りしてしまうのは、真面目でがんばり屋だからなんです！」という主張には、真実が含まれているのです。しかし、世の中の大多数の人の耳には、これはやる気がないことへの言い訳としか聞こえなさそうです。私たちが、社会と調和した生き方を望むならば、これは不適切な主張と言わざるを得ません。

ブレインジムでは、「がんばるのではなく、いつも自分にふさわしい目標に向かってベストを尽くそうよ！」と、子どもたちに提案します。

そのためにすることは、まずはペース（ＰＡＣＥ）です。水を飲んで元気になってから、ブレインボタンで頭をすっきりさせてあげます。そして、クロスクロールで活動的な自分を呼び起こし、フックアップで肯定的な言葉と結びつきましょう。それから、力の通り道としてふさわしいスムースな状態に、肩を整えてあげるために、アウルで僧帽筋をリラックスさせてあげるのです。

肩こりに悩んでいる大人には、とくにおすすめのフクロウの動きですが、面白いのは、手でつまんでいる部分には、どちらかというと変化がなく、つまんだ場所の両側の筋肉が柔らかくみずみずしく変わってゆくということです。だから、アウルの手順では、僧帽筋の肩口の部分から、少しずつ背骨のある正中線に向けて、つまむ場所を移動していきます。

体操の動きが身について、体が効果を実感できるようになるまでにかかる時間は、人によって違いますので、軽やかに腕とつながっている肩のイメージが体に定着するまで、どうぞみなさん自分のペースで試してみてください。

5 足と腰のつながりから力を引き出す――グラウンダー

❖集中して力を出したいときに

子どもたちが、学校で楽しく学ぶために必要な活動、例えば本を読んだり、先生の話を聞いたり、板書をノートに書き写したりといったことは、ブレインジムで身につく力と深く関わっています。子どもたちがレイジーエイトやシンキングキャップを試してみると、見ることや聞くことが楽にできるようになり、結果として、読んだり、書いたり、計算したりといった知的な活動に、楽しく参加できるようになります。ブレインジムを始めたたくさんの子どもたちが、この「勉強が楽にできるようになる準備体操」の効果に気づいて、自分を整えるために使い続けてくれています。

「先生！　教えてくれたあの集中できるようになるおまじない続けてるよ」。ある小学校の先生は、職場の移動があり、その後、久しぶりに出会った教え子が、笑顔でこう話しかけてきて、「彼がその後もブレインジムの『ペース』を続けていたことがわかりました」と、わざわざお知らせくださいました。子どもたちはその感性の柔軟さで、一度「ペース（PACE）」が自分の役に立つことがわかれば、その体操を毎日の歯磨きと同じように、習慣となるまでに生活のなかに取り入れてくれます（〝集中できるようになるおまじない〟というのは、真似したくなるようなうまい表現です）。

さて、その一方で、「集中して学ばなければ、と思ってはいるけど、なかなかやる気がおきない」という子どもたちがいます。考える力とは別のところで起こっている滞りが原因で、楽しく勉強に取り組めないというケースです。彼らの抱えているしんどさは、やる気・意志の領域と関わっているので、考える力・思考の領域を活性化する目や耳のブレインジムをするだけでは軽減されないのです。頭では、今何が必要なのかわかっているけれど、それを行動に移すことができない、というような事態を、きっとみなさんも、日々の生活のなかで体験したことがあることでしょう。例えば、部屋の片づけや庭の手入れ、課題のレポート、山のようにたまった洗濯物を前にしても行動に移れない！　そんなときに、ブレインジムでおすすめするのは、大腰筋やその周りの筋肉を活性化させてあげることです（図４）。

❖グラウンダーのやり方

大腰筋は、体の内側の深いところにあります。インナーマッスルとかコアマッスルとか言われる筋肉の代表的なものの一つです（隣りの腸骨筋とも協力して、腰を引き締めて、すっくと立つ動きのために必要な筋肉です。腸骨筋と一緒に働くことも多いので、二つを合わせて「腸腰筋」というような呼び方をされることもあります）。

胸椎一二番と腰椎の一～五番からはじまって大腿骨上部の内側に付着している大腰筋は、腰と脚をしっかりとつないでくれていて、クロスクロールのように、足を持ち上げる運動をするときに働いています。私

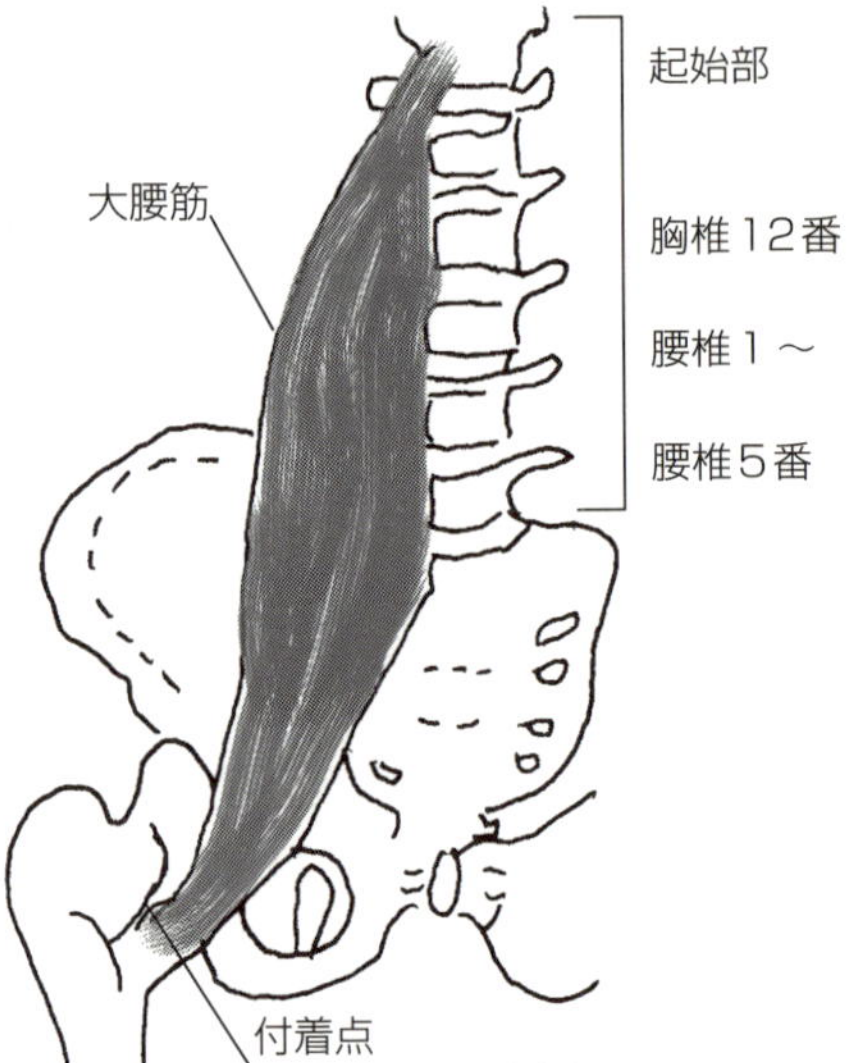

図４　大腰筋

たちが椅子に座るときに、お尻が前に滑り落ちないように、腰を安定させていられるのも、この筋肉の働きによります。そして、この大腰筋をストレッチするブレインジムが、ここでご紹介するグラウンダー（Grounder）、文字どおり地に足をつけてくれる動きです。

足を肩幅よりもやや広めにして立ち、顔は右側を向

写真15　グラウンダー①

足を肩幅よりやや広めにして立ち，顔は右側を向く。右足先は顔と同じく右側を向き，左足先はおへそと同じに前に向かったままで立つ

写真16　グラウンダー②

両手を腰に当てたまま，右膝を曲げながら体重を少しずつ右側に移動して，フェンシングの突きのような体勢になる
ゆっくり5つくらい数えたら，今度は反対側を向いて，同じ手順で動かす

きます。右足先は顔と同じく右に向けて、左足先はおへそと同じに前に向かったままで立ちます。両手を腰に当てたまま、右膝を曲げながら体重を少しずつ右側に移動して、フェンシングの突きのような体勢になります。左足の付け根辺りに引き伸ばされるような緊張を感じたら、大腰筋とその周りの筋肉がストレッチされています（このとき、膝に痛みや持病のある人は、右の膝頭がつま先よりも前に出過ぎないように、足幅を調節してあげることで、自分の膝に大きな負担がかからないようケアすること

ができます)。ゆっくり五つくらい数えたら、今度は反対側を向いて、同じ手順で右側の大腰筋も伸び伸びさせてあげましょう(写真15、16)。

左右三回ずつ伸ばせば十分です。大腰筋が伸び伸びすると、腰から足にかけてしっかりと地面とつながっているような安定感を感じます。ヨガの先生に見せたら、「それは英雄のポーズと言います」と、教えてくれました。楠の木学園では、毎朝「英雄のポーズ!」と声を合わせて、考える頭と活動する手足のつながりを強めるべく、大腰筋をストレッチしています。

❖ブレインジムの「生涯現役筋活性化メニュー」

ある学校の先生は、「実は私、何年も前から、家の書斎に本が山積みになっているままなんです」と告白してくれました。「片づけたい、でもできない」というのですから、これは思考と意志がうまく結びついていないパターンの典型です。そこで、グラウンダーを試してみると、足の付け根が伸びる感じがして、ちょっと痛いけれども気持ちいいとのことでした。ブレインジムは、その動きを必要としている人がやると、気持ちいいと感じることがよくあります。そこで、きれいに片づいている書斎で晴れ晴れした気持ちで座っている自分をイメージしながら、グラウンダーといくつかの体操を組み合わせて、自宅で試してもらうことにしました。とりあえず、一週間くらい試そう、と決めましたが、週明けには「体が勝手に動きだすような感じで、週末に書斎が片づきました。本当に晴れ晴れした気分です」と、連絡がありました。

大腰筋は、子どもたちの楽しい学びをサポートするためだけでなく、私たち大人の健康とも密接に関わっています。大腰筋の機能が低下すると、足を持ち上げることが難しくなります。すると、これまでは気にも留めなかったような段差につま先が引っ掛かり、転倒する危険が高まります。ここでこわいのは骨折ですが、大腰筋の付着部である大腿骨頭を骨折する事故が断トツで多いのです! 私は、この大腰筋こそが、私たちが生涯現役で自分の人生を生きることを支えてくれる何よりも大きな助けとなる筋肉だと思います。名づけて〝生涯現役筋！〟。いつまでもみずみずしくしなやかに、私たちの大腰筋が働き続けてくれますように、と願わずにはいられません。

この筋肉を活性化して、考える力（思考）と行動（意志）をより豊かに結びつけることは、高齢化による医療費負担にあえいでいる社会を活性化してゆくために、大きな助けとなるはずです。

以前、テレビのニュースで、日本で一番転倒によって大腿骨頭を骨折する事故の割合が少ないのは、長崎市とつくば市だと言っていました。長崎は、坂が多いことで有名なところです。子どものときから、毎日、坂道を歩き続けるのは、まるで日々山登りしているかのような生活です。当然、大腰筋は、毎日、活性化されています。もう一方のつくば市は、長崎に比べたら平坦な土地も多いのですが、ここでは高齢者のための体操に力を入れており、そのプログラムのなかで、ゆっく

写真17　椅子を使ったグラウンダー

りと膝にタッチする足踏み運動を推奨しているというのです。そこではどの筋肉を使うかといった説明があったか記憶に残っていませんが、クロスクロールの動きが、高齢者の躓きによる転倒事故を防ぐための有効な手段であることは確かです。

大腰筋をケアしてあげるためには、クロスクロールとグラウンダーの組み合わせがおすすめです。ブレインジムの「生涯現役筋活性化メニュー」は二つの動き、クロスクロールとグラウンダーの組み合わせです。クロスクロールは脚を上げる動きなので、このとき、大腰筋は収縮して引き締まっています。そして、次にグラウンダーをすると、今度は大腰筋がゆっくりとストレッチされます。時間にしておよそ一分、みなさん、ぜひ隙間の時間にお試しください。コピーを数枚とる間に、今日の分のクロスクロールとグラウンダーをやり終えてしまいましょう。楠の木学園でも、この二つの体操は、もちろん定番メニューに入っていて、朝のホームルームでも毎日やっています。歯磨きのように、習慣として生活に取り入れていきましょう。

「九〇歳を過ぎたら、最近、足腰が弱ってきた」という友人の母親に、この大腰筋の活性化体操をお教えしたときには、片足で立ったときに、少しだけふらつきが見られたので、クロスクロールは椅子に座ってやってもらうようにアドバイスしました。グラウンダーも、膝への負担が大きすぎないように、椅子やテーブルに軽く手をついてやってもらうようにしました。ご高齢の方と一緒に試してみようとお考えの方は、参考にしていただければ幸いです（写真17）。

6 脚の筋肉をケアしてやる気につなげる――カーフポンプ

❖元気が〇点以下の人のために

レイジーエイトやシンキングキャップで頭部の感覚器官を、そして、アウルやグラウンダーで体幹と四肢のつながりを活性化したら、次は、さらに下へと向かいましょう。体の重さを大地へと降ろして、私たちがまっすぐに立つときに、いつもその動きを支えてくれるのが脚の筋肉です。

「やらなければいけない！　だけどすぐ行動に移れない、やる気が起きない」。子どもたちや、もちろん大人でも、日々そんな状況に置かれて困ることがあると思います。「なかなか一歩前に踏み出せないな」と感じるときには、ブレインジムでは、「脚の筋肉をケアしてあげることが必要かも？」と考えます。楠の木学園では、不登校に関する教育相談を受け付けているので、「学校に行かなくちゃと思っているんだけど、でも行けないいんだ」という声を耳にする機会が、少なからずあります。彼らに、「今、自分の元気はどれくらいのレベルにあるの？」と、一〇段階評価で測ってもらうと、五点以上の人はほとんどいません。最低レベルが一点のはずなのに、「〇点！」と言う人や、中にはマイナス何点という答えもあります。さりげなく脚の様子を見ながら、「今、つらくて何もやる気が起きないというときに、気持ちを軽くしてくれる準備体操があるんだけど、試してみますか？」と尋ねます。ここで椅子から立ち上がってくれればしめたものです。ふくらはぎをゆっくりとストレッチするブレインジムの動きカーフポンプ（Calf Pump）を試してもらいます。

❖ カーフポンプのやり方

カーフ（Calf）とは、ふくらはぎのことです。ふくらはぎの筋肉を、ポンプ（Pump）のように曲げ伸ばしして、元気を汲み上げるつもりで動いてみてください（ふらつきが心配な方と試されるときは、椅子や机を手すり代わりに持つとやりやすくなり、安心です）。

体育の時間に準備体操としてよくアキレス腱伸ばしをしますが、ご存じの方は、あの動きをゆっくりと息を吐きながらやって、ふくらはぎの筋肉を四〜五秒かけてじわじわと伸ばしてあげましょう（大人の筋肉は不用意に早く動かすと、こむら返りになったり、肉離れを起こす人もいるので、くれぐれも優しくゆっくりとした動きでお試しください）（写真18）。

このとき、多くの人に「痛いけど気持ちいい」感覚があります。一歩踏み出すことに困難を感じている人

ふくらはぎの筋肉を伸ばす
踵を地面につける

写真18　カーフポンプ

体育で習うアキレス腱伸ばしの要領で，ふくらはぎの筋肉を４～５秒かけてじわじわ伸ばす。右足でやったら，左足も同様にする

のふくらはぎは、本人が気づいていないうちに、往々にして硬く縮まっているのです！　自分のペースで何回かカーフポンプをして、ふくらはぎがしなやかになってくると、背中がすっきりしたり、肩こりが軽くなったりしたと感じる人もいます。

ところで、これで不登校が解決するかというと、人によってゴールに到達するまでにはいくつか段階があるようで、「学校に行かなくても、とりあえず自分の好きなことをやってみようという気になりました」と、元気に不登校を続ける人もいます。

❖家族でやると効果が上がるブレインジム

興味深いことに、子どもたちのふくらはぎが硬くなっているときには、付き添っている保護者の方にも同じ現象が起こっていることがよくあります。現実はそんなに単純ではないかもしれませんが、私の推測はこうです。わが子の不登校という事態に直面して、親御さんは少なからずストレスを感じます。そして、学校に行けるようになってほしいけど、でも、わが子はすぐには行けそうもない。この感情的なもやもやとすぐに一歩前に出ることができない状況が、保護者のふくらはぎにも硬い強張りを生じさせるのではないか？

ブレインジムをすることで変化が期待できるのは本人だけだと思われがちですが（不登校のお子さんを持つ親御さんの中には、「私は変わらなくていいです。ただ、子どもが学校に行くようになってほしいだけです」と、お考えの方もいらっしゃいます）、カーフポンプを保護者の方も覚えて、保護者のふくらはぎからこわばりがなくなることで、お子さんにも何かいい変化が起こるはずだと予測します。

「子どもが不登校で外に出られない」と相談に来られたあるお母様は、「騙されたつもりで」という私の提案に、まんまと乗せられて（?・）、水をこまめに補給しながらブレインボタン・クロスクロール・フックアップ、そしてカーフポンプをセットで、自分が一番リラックスできるお風呂上がりの時間にやる、というオリジナルレシピを試してくださいました（ブレインジムは、決まった順番で、誰もが同じ体操をすれば効果がある、というようには構成されていません。自分を効率よく活性化してくれる動きは、自分の体が知っているという考え方をします）。

三カ月ほどすると、お父様もカーフポンプを覚えてくれるようになりました。そして、お母様からは、「子どもが家にいてくれると、生ものの宅配があっても受け取ってくれるし、助かります。学校に行かなくても、友だちも遊びに来てくれるし、先生も様子を見に来てくれるので、私も好きな習いごとに出かけて、自分の時間を大切にするようにしています」と、「わが子の不登校」の家庭での意味が変化している様子をお聞きすることができました。一年ほど過ぎた頃には、「最近は、毎日、学校に通ってくれています」と、最初にお会いしたときとは見違えるような明るく軽やかな様子で、近況をお知らせくださいました。

このお母様には、「お子さんに体操を教えたりせずに、ただひたすら、自分を楽にするためにやってみてください」と、お願いしておきました。お風呂上りに、気持ちよさそうに脚の筋肉を活性化している家族を横目で見ているうちに、「お母さん、それ何やってるの?」と、ある日、聞かれたそうです。「気持ちを楽にしてくれる体操を習ったから、やっているの」と、さりげなく答えると、その後、このお子さんも見よう見まねでカーフポンプを試してくれるようになったそうです。

友だちや先生やたくさんの力にも支えられて、この子の不登校は変化していったと思われますが、ふくらはぎをしなやかで柔らかな状態に手入れしておいてあげることは、「一歩踏み出そう」と決断を要するときには、一つの助けになると思われます。

❖カーフポンプで言葉が出やすくなる

ほかにもふくらはぎが伸び伸びすることの効果としては、「言葉が出やすくなること」があげられます。カーフポンプが気持ちいいと感じる人の中には、発音がしっかりとしてきて、言葉が聞き取りやすくなる人がいることに気づいたとき、私は最初、そのつながりを不思議に感じました。しかし、考えてみれば、カーフポンプをすることで、肩こりや頭痛、腰痛の軽減が起こっているのですから、言葉を形づくる声帯とその周りの筋肉にも、いい変化が起こるということも、十分想定可能なことなのかもしれません。

新入学の頃、D君は一語文で話すことが普通という人でした。「和太鼓の練習は?」と尋ねれば「タノシイ」、調理実習の感想は「オイシイ」、体育のあとには「ツカレタ」といった調子で、言いたいことはたくさんありそうなのに、内側にたくさん滞るものがあって、言葉にならない、そんな様子に見える人でした。

ところが、毎朝一番で教室に顔を出す彼と、何人かの友だちで、朝のブレインジムを試したところ、ペースからはじまって、カーフポンプをしているときに、彼の口から、「気持ちいいー」と、深い呼吸とともに、感情のこもった言葉が漏れだしているのが聞こえました。それから、ふくらはぎのストレッチ＝カーフポンプがとくに気に入ったD君は、毎朝、ブレインジムの時間を心待ちにしてくれるようになってゆきました。私が遅れたりすると、「先生、体操ヤリマショ！」と呼びに来てくれるほどの熱心さでした。

その頃、彼のお母様からは、「息子が、最近は三語文で話すようになってきて、一緒にいておしゃべりするのが楽しくなってきました」と、お家での変化の様子をお知らせいただくようになりました。その後、卒業するまで、彼は毎日この体操を続け、その年の発表会では演劇に参加して、「先生、僕主役がやりたいよ！」と言うまでに、話すことが楽になったのです。まるで何かから解放されたように、彼の口からは言葉が自由に発せられるようになってゆきました。

ふくらはぎをゆっくりとストレッチしてあげると、首や肩、腰までを含めた、背面全体の筋肉が伸び伸びと軽やかに感じられるようになってゆくので、デスクワークで座り仕事が長い人にも、おすすめのカーフポンプです。みなさま、どうぞお試しください。

7 凝りや痛みは筋肉の記憶
――フットフレックス

❖凝りには気持ちや感情が関わっている

ストレスが度重なると、まるでそれを溜め込むかのように、私たちの体の筋肉は硬く凝り固まることがあります。肩こりは、この現象の代表的なものの一つですが、僧帽筋を活性化するブレインジムの「アウル（ふくろうの動き）」がその対策として効果的であることは前述しました（92頁）。デスクワークのために前傾姿勢でいる時間が多くなりがちな現代の生活パターンが、首と肩の凝りに結びついていくことは、誰の目にも明らかなことだと思います。体が伸び伸びと活性化されると、まるで肩から首の筋肉が、「私を窮屈な状態から解放してくれてありがとう！」とでも言っているかのような爽快感が得られます。

ブレインジムを、大人の勉強会などで紹介したときに、「何年もひどい肩こりに悩まされています」とか、「肩が凝っていない自分なんて、想像することもできません」というような、筋金入りの肩を触らせてもらう機会があります。そのなかで、まるでその人の筋肉の中に別の生き物が居座っているかのような、「凝りの大物」が見つかることがあります。

「二〇年以上、肩こりに悩まされています」という男性の肩は、冷たく湿っぽい感じで、まるで私の指先に悲しさが伝わってくるような気がしました。そこで、「二〇年前に何か悲しいことってありましたか？」と尋ねると、「ちょうどその頃に、事故で肉親を亡くしています」と答えが返ってきました。「当時は、なんでこんなことが起こるんだろうと、納得できない気持ちでしたが、もうずっと忘れていました。でも……」と、誰に語るともなく言葉を発しながら体操を続けているうちに、彼の僧帽筋からは、居座っていたこわばりがみるみる抜けていきました。「これからは、凝りを溜め込まないように肩をいたわってあげます」と話すその顔つきまで、明るく変わっていました。

「肩が凝っていない自分なんて、もう想像できない」と言う人の背中にも、凝りの大物が居座っていました。触っているうちに、泣き叫びたくなるような不安な気持ちが伝わってきたので、「ひょっとしてこれも？」と思いながら、「あなたにとって、こわいって、どんな感じですか？」と尋ねると、「そういえば数年前に、交通事故に遭いました。あのときは、子どもを隣りに乗せていて、もしものことがあったらどうしようと思って、こわかったなあ……」と答えてくれました。この方も、そのときのことを思い出しながら、アウルの動きを繰り返しているうちに、それまで肩に居座っていたこわばりが消えてゆきました。

ここまで読んで、自分の肩をさすってらっしゃるみなさん！　私の考えを察してくださって、ありがとうございます。「筋肉は、そのときに体験した気持ちや感情的なストレスまでを、まるで記憶するかのように、溜め込むことができるのではないか？」と、私は考えています。「骨身にしみる」という言い回しがありますが、もし皆さんの感じている筋肉の凝りや痛みが、体操やマッサージで簡単になくならないとしたら、肉体的な疲労に注目するだけでなく、そこに関係しているかもしれない自分の気持ちや感情にも、注意を向けてあげることが近道かもしれません。

❖フットフレックスのやり方

前述のカーフポンプ（104頁）は、ふくらはぎを活性化する動きです。このふくらはぎも、肩こり銀座といってもいい僧帽筋と同じくらいに、感情的な体験やストレスを溜め込める場所なのです。脚が疲れやすくて元気が出ないと感じている人や、カーフポンプを試して、さらに足のケアが必要だと感じている方がいらしたら、ぜひフットフレックス（Foot Flex）をお試しください。

椅子に座って、ケアの必要な脚、例えば左足を上にして脚を組んだら、同じく左手で膝の裏側を挟みます。右手は、アキレス腱の少し上の辺りをやさしくつまみます。その状態で、ゆっくりと五秒ほどかけて、足の甲が膝に近づくように、足首を曲げます。そして、ゆっくりと五秒かけて、足首を伸ばします。

ひと息入れたら、右手で、ふくらはぎの五cmほど左手に近づいた辺りをつまみます。最初と同じように、五秒かけて足首を曲げ、五秒かけて伸ばします。右手が左手のすぐ横にくるまで、この動きを五〜六回、繰り返します（写真19、20）。ふくらはぎが痛くなり過ぎないように気をつけて、力を加減してください。慣れてきたら、徐々にイタ気持ちいいくらいの強さで、つまんであげるようにします。

筋肉が硬くなっているところを見つけたら、その辺りはとくにていねいに、手でつまむように押さえながら、足首の曲げ伸ばしをして、ふくらはぎの凝りを解消させてあげましょう。

ひょっとして、そのときに、痛みや凝りと一緒に、何か思い出すことがあるかもしれません。そんなときには、水をひと口ずつちびちびと補給しながら、「ありがとう、私！　いろいろあるけど、今日もこうして

写真19 フットフレックス①

椅子に座って（ケアの必要な脚．例えば），左足を上にして脚を組んだら，同じく左手で膝の裏側を挟む。右手はアキレス腱の少し上の辺りを優しくつまむ。その状態で，ゆっくりと５秒ほどかけて，足の甲が膝に近づくように，足首を曲げ，ゆっくりと５秒かけて，足首を伸ばす

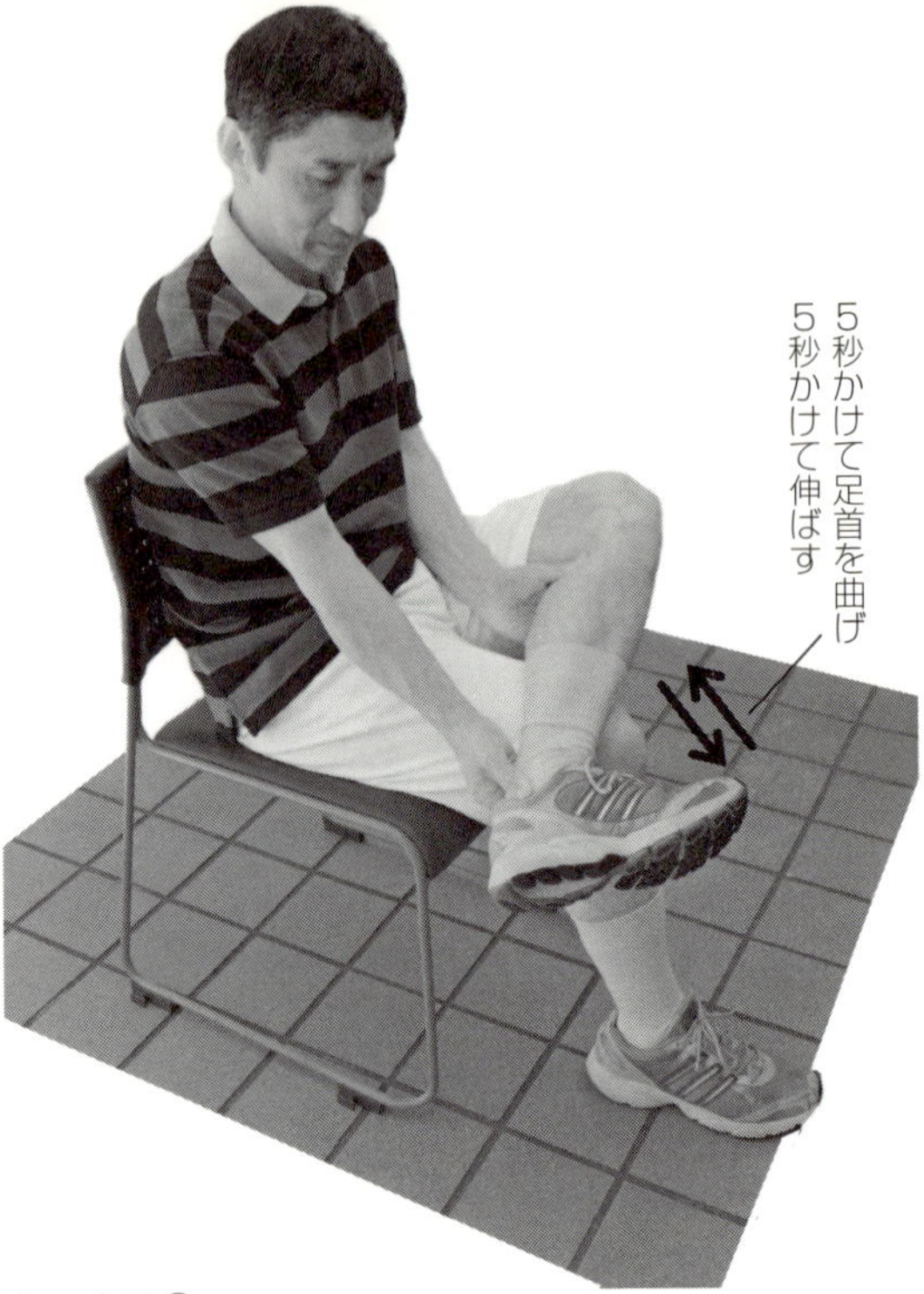

写真20 フットレックス②

ひと息入れたら，右手で，ふくらはぎの5cmほど左手に近づいた辺りをつまむ。最初と同じように，５秒かけて足首を曲げ，５秒かけて伸ばす。右手が左手のすぐ横にくるまで，この動きを５～６回，繰り返す

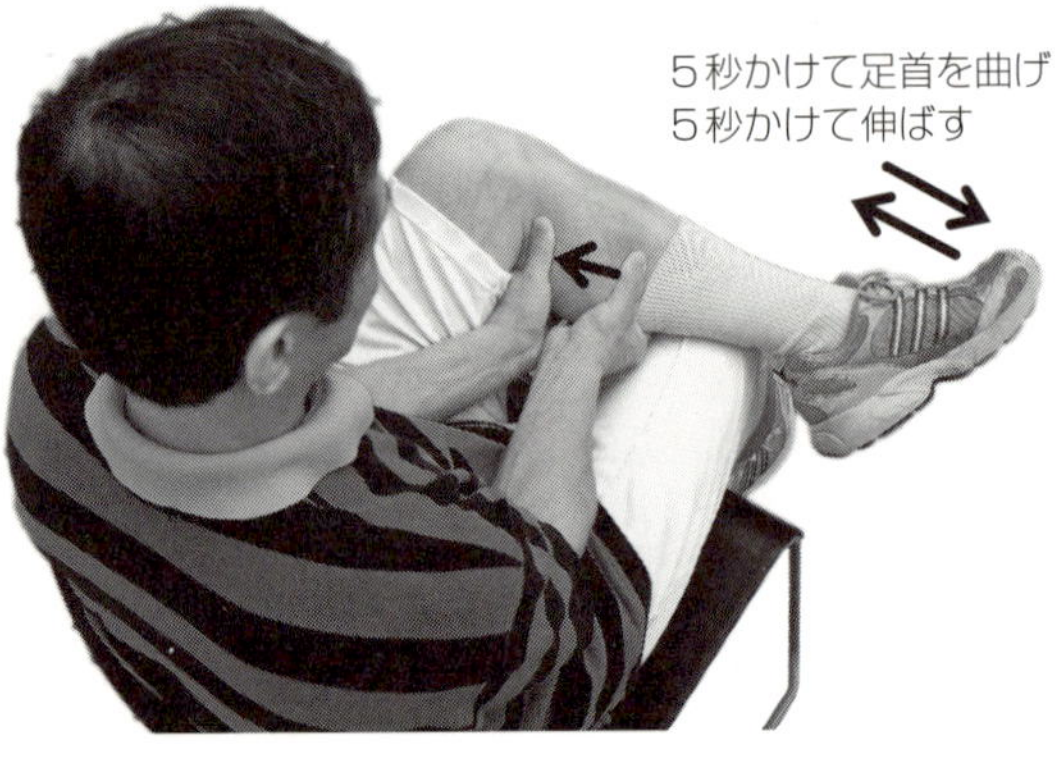

いてくれて。今までもしっかりとやるべきことができているから、明日もきっとうまくいくよ。これからも、自分のペースで、できることをやっていこう！」、そんな明るく前向きな言葉掛けと共に、ふくらはぎを活性化してあげましょう。

❖心のストレスケアにも効果がある

一〇代の若者と体操していて、よく出会うのは、親子関係のストレスです。片足のふくらはぎを軽くつまんだだけでも悲鳴をあげるほどの凝りがあったある高校生は、「自分の親が許せない。俺の顔を見れば勉強しろ、『もっとがんばれ！』としか言わない。俺のことを、何もわかっていない」と、そこに怒りと悲しみを溜め込んでいました。ふくらはぎの筋肉を曲げ伸ばししながら、「体操しているのに、なんで涙が出るのかわからない」と不思議がっていました。この後、半年ほど、このふくらはぎ伸ばし体操（フットフレックス）を続けているうちに、彼の脚から凝りは徐々に姿を消し、本人も、「あの硬さはなんだったんだ！」と、その差に驚くくらい柔軟でしなやかな表情を見せるように、変わってゆきました。そして、「親も、結構、大変なんだって気がしてきた。最近は、朝早く出かける親に、行ってらっしゃいって言えるようになったよ！」と、自分の中で起こっている変化について、こっそり教えてくれました。

筋肉の強張りと一緒に溜め込んでいた自分の感情が解放されてゆくと、私たちは明るく前向きな気持ちになれるように変わっていきます。体の疲れだけでなく、心のストレスケアにも効果があるのが、このフットフレックス（ふくらはぎの凝りほぐし）です。

覚えてくれた人たちからは、「これをやるようになったら、夜中に足がつらなくなった」「イライラしているときに、自分の脚をつまんでみたら、すごく硬くなっていて驚いた」など、体操の簡単な動きが体への気づきを呼び起こし、大切な自分の体をいたわる気持ちへとつながっている様子を、お知らせいただいています。

みなさんの脚にも、ふくらはぎの曲げ伸ばしをしている途中で、ストレスとつながった手ごわい凝りが見つかるかもしれません。そんなときは、のどがカラカラになるくらいに水分が必要となることがあるので、まずはお手元に水を用意して、それからお試しください。

8「両手の協働」で右脳と左脳を活性化――ダブルドゥードゥル

❖目の動きから手の動きへ

「見る」を活性化してくれるレイジーエイト（80頁）を、毎日続けている生徒たちは、両目で見える範囲が広がり、遠くから近くまで焦点を変えながら、奥行きを楽に見通すことができるようになってゆきます。自分の周りに広がる空間を、前後・左右・上下の三次元で、活き活きと感じられるようになってゆくのです。

目の動きが活性化されることで、生徒たちにはどんな変化が見られるかというと、例えば調理の時間に、フライパンを手にしている人が、「誰か油取ってー！」と声をかけると、自分の作業を続けながら、調理台の上をちらりと見て、サッと手を伸ばすことができるようになってきます。目の動きが速くなって、部屋の隅まで目が届くように変わってきます。

上級生になると、さらに「その次はこれも必要でしょ！」というような表情で、塩・コショウやボールまで手渡してくれたりします。「目端が利く」という言い回しがありますが、視野の端のほうまで、余裕を持って見られるようになってくると、その影響は目だけでなく、人間の心と体、全てのバランスを整える方向に働きかけてくれるように見えます。レイジーエイトの∞形の動きは、「もっと心の余裕がほしい！」と感じる方にも、おすすめの目玉の体操です。

さて、両目の協働が楽しくできるようになってきたら、次に書くことを考えてみましょう。漢字の書き取りがきれいにできないとか、字が下手だから手紙を書くのが嫌だとか、ノートがうまく取れない等々、「書く」ことにストレスを感じている人は、大人にも多いようです。〝自分には書くことがストレスだ！〟と感じたときに、私たちの体は、どんな反応を見せるのでしょうか？　まず、書くときに、私たちの体のどの部分が、この活動に参加しているかというと、鉛筆を手に持って、机上のノートに何か書くわけですから、目と手が働いていることはすぐにわかります。そして、手は腕から肩へとつながっていて、さらに、頭は首から肩へとつながっているので、実は書くという活動のためには、上半身のほとんどの筋肉が協力してくれる必要があるのです。

一方、書くことが得意でない今の自分は、できたらここから逃げ出したいくらいの後ろ向きな気持ちでいますから、体は危機から身を守るために、自動的に手足をすくめて、身構えた前傾姿勢になっています。これでは、肩から背中の筋肉も、スムースに動いて協力してくれる体勢にはなれません。「書く」を整えるブレインジムは、この点に働きかけます。

❖ダブルドゥードゥルのやり方

ダブルドゥードゥルは、「両手の（ダブル）いたずら書き（ドゥードゥル）」という意味です。左右で違う色のペンを手にします。目は紙面の中央付近を広く見るようにしてください。手首の力を抜いて、両手の動きが常に左右対称になるように心がけながら描けば、あとはどんな形になっても自由です。腕を大きく動かして、紙面いっぱいにペンを進みたがる方向に走らせてあげましょう（写真21）。時間どおりにスケジュールを組んだり、物事の細部を区別することが得意で、言語脳ともいわれている左脳と、全体を空間的に把握し、芸術的・感情的な受け止め方が得意な形態脳ともいわれる右脳の両方が、両手にペンを持つことで、同時に書くという活動に参加することになります。脳の働きの左右差を考慮することは、ブレインジムにおいても重要だと考えられています。

この点について、近年、脳科学の研究が進んできたことは、教育にも大きな影響を及ぼしています。かつては、子どもたちの知的な発達を促進する目的で、言語脳である左脳を育てようと、左利きの子どもたちが右手に鉛筆を持つように教育されたこともありました。しかし、現代では、形態脳（Gestalt Brain）や空間脳、芸術的な脳といわれる右脳も、知性に関わる左

左右で違う色のペンを手にする。目は紙面の中央付近を広く見るようにする。手首の力を抜いて，両手の動きが常に左右対称になるように心がけて，自由に描く。ペンを進みたがる方向に走らせる

写真21　ダブルドゥードゥル

脳と同様に、人間の多様性を生み出すうえで、等しく重要だという理解が一般的となっています。ブレインジムの動きは、全部で二六種類ありますが、そのすべてが「両脳の個性を尊重しながら活性化する！」という視点で構成されています。

さて、両手で描くことで、右脳と左脳を同時に活性化できるダブルドゥードゥルですが、子どもたちにとっては、体操というよりも、「好きなことを描いていいよ」という遊びの時間です。リラックスして両手を使って描く活動は、腕だけでなく首や肩、背中の筋肉が一つとなって動くことを可能にし、ひとしきり楽しくお絵描きしたあとには、みんなすっきりとした晴れやかな横顔を見せてくれるようになります。

❖ビフォー・アフターを意識して比べる

体操の効果を高めるため、動き始める前に、「自分はどんなふうに書けるようになりたいのだろう?」と思いを巡らせ、なりたい自分のイメージを一つの目標(ゴール)として設定することは、ブレインジムのと

ても大切な手順です。楽しい気持ちで？　それともウキウキしながら？　もしくは、晴れやかな気持ちで？　ともかく、黒板全体を見渡して、すらすらとノートに写し取っている自分の姿を、できるだけ細部まで具体的に思い浮かべてください。そして、何か簡単な言葉を紙に書いてみます。どんな感じがするでしょう？

楠の木学園の生徒たちと体操するときは、前もって今の自分の状態が一〇点満点で三点か、それとも五点くらいなのかと、自己採点してから動き始めます。そして、もう十分というくらいダブルドゥードゥルで動いたあとに、もう一度、さっきと同じ言葉を書いてもらって見比べます（みなさんもぜひお試しください）。ビフォー・アフターを意識して比べると、自分の中に起こった変化に、「自分は成長している！」と実感することができます。

そして、この気づきは、次の変化に向けて、「自分はもっと先へ進めるはずだ」というワクワクした気持ちとやる気へとつながってゆきます。黒板に向かっている生徒たちの背中を見ていると、みんな動きを楽しんでいるうちに、肩甲骨の緊張がほどけ、上がっていた肩が自然に降りてきて、背中全体がゆったりと柔らかな動きを見せ、より美しさを増してゆくのがわかります。「この仕事をしていてよかったなあ」と、その場に居合わせたことを、何よりうれしく感じられる瞬間です。

9 視覚・聴覚・バランス感覚をまとめて同時に活性化
――エレファント

❖二つ以上の動きを組み合わせると効果が一層深くなる

「聞く」ことのストレスを軽減してくれるブレインジムのシンキングキャップ（88頁）を試みた方から、動きの効果について、興味深いエピソードをいただいたことがあります。「ブレインジムは、仕事に活かそうと思い学び始めましたが、先日、一人暮らしの母親をたずねた折、何度も同じ昔話を繰り返されるので嫌気がさして、〝そういえばシンキングキャップというのがあったなあ〟と、ためしに耳を伸ばしながら聞いたら、話している親の背中が小さくなっていることに気がついて、我ながら驚くくらいやさしい気持ちで相槌を打つことができました」ということでした。〝耳が楽に聞けるようになったら、目もこれまで見えていなかったものを映し出してくれるようになる〟というところが、日々子どもたちの学びを応援する立場にある私たちにとって、助けとなる重要な気づきだと思います。

私たちの感覚は、視覚や聴覚それぞれが、ばらばらに世界を感じ取っているのではなく、すべての情報は、私たちの中でつながって、統合された一つの現実として感じられているのです。ですから、例えば書くことにストレスを感じている人の目と手の協働を活性化しようという意図で、前項のダブルドゥードゥルを試してみて、もし本人に大きな変化が感じられないようだったら、「目と手のほかにも、活性化が必要なところがあるのでは？」と、考えてみてください。例えば、さらにアウル（92頁）をすることで、腕と頭の間で両者をつないでいる僧帽筋が活性化されると、鉛筆を持つ手と前腕、上腕、首、頭までのつながりがスッと感じられるようになって、一回の体操だけで、本人もびっくりするほど、書くことのストレスがなくなったりします。

ブレインジムは、二つ以上の動きを組み合わせて用いると、より深い効果が得られることがあります。ダブルドゥードゥルとアウルの組合わせは、多くの方から好評を博している「ゴールデンコンビ」です。自分のノートを読み返しても、「なんて書いたんだっけ？」と、しばしば自分ですら読み取れないような文字の書き方をしていた人が、書道の時間を楽しみにするようになったり、友だちから「きれいで読みやすいね！」とほめられるような大きな文字でていねいな書き方ができるように変わったりすることもあります。部分と全体のつながりが豊かになっていくというイメージは、動きを通して、子どもたちの成長を支援しようとする者には、大きな助けとなります。「どことどこが、もっとつながるようになっていくといいんだろう?」と自問してみてください。必ずや創造的な閃きが下りてきて、みなさんの活動を支えてくれるでしょう。

❖エレファントのやり方

さて次に紹介させていただくのは、「見る・聞く」に関わる目標に加えて、「自転車に乗れるようになりたい」「体育で側転がうまくできたらうれしい」といった運動に関わる目標や、「バランスのとれた文字を書けるようになりたい」という目標を持っている人にもおすすめの「エレファント」です。

足幅を広めにとり、膝にゆったりと余裕を持たせて

写真22　エレファント

足幅を広めにとり，膝にゆったりと余裕を持たせて立ち，軽く右腕を前に伸ばして頭をもたれかかるように傾ける。首と腕がぴったりと一つになったつもりで，両目は指先の空間を見る。右手で前方にゆっくりと大きくレイジーエイト（∞）を描きながら，両目は指先の空間を見続ける。3～5回右手で描いたら，左手でも同じ動きをする

立ち、軽く右腕を前に伸ばして頭をもたれかかるように傾けます。首と腕がぴったりと一つになったつもりで、両目は指先の空間を見ましょう（小学生でしたら、ティッシュペーパーを二つに折って、頬と肩の間に挟んで「これを落とさないようにしてね」とお願いするとわかりやすいです）。多くの人には自分の指が二重に見えますが、これで準備オーケーです。そのまま右手で前方にゆっくりと大きくレイジーエイト（∞）を描きながら、両目は指先の空間を見続けましょう。∞の字の中心から上に向かうように気をつけながら三～五回右手で描いたら、左手でも同じ動きを試してください（写真22）。

動いたあとに、首を左右に向けて確認してもらうと、ほとんどの人が、以前よりも首の可動域が広がって、優雅に周りを見渡せるようになっていることに気がつきます（首の辺りの緊張は、無意識に起こることが多いので、パソコンに向かうと肩が凝る方は、椅子に座ったまま、お試しください）。

❖ポジティブな言葉で目標をイメージ

楠の木学園では、一輪車に乗れるようになりたいという生徒がいて、ブレインジムのペースの手順（78頁から）に沿って、水分を補給しながら、さらにエレファントを試してみたら、「さっきより、こわくなくなった！」と言って、体育の時間に何回か練習して乗れるようになったことがありました。あとからこの生徒は、「これで自転車にも乗れるようになるかな？」と話していましたが、もちろん自転車の練習前にも、この動きを準備体操として行なうと、上達が早くなること請け合いです（ただし、普通は「自転車に乗れるようになってから一輪車に挑戦するようにしよう」とすすめています）。

私自身、〝一輪車に乗ってお手玉できたらいいな〟と思いついて、試してみたら、一週間ほどでできるようになって、驚いた経験があります。みなさんもどうぞ、バランスに関する明るく肯定的な目標をイメージしながら、試してみてください。

「○○がうまくできないのは嫌だ！」とか、「失敗しないように気をつける」など、否定的な表現を含む目標は、動きの効果を弱めることが知られているので、ブレインジムでは、必ずポジティブな言葉遣いをするように心がけます。無責任なほどポジティブな言葉遣いで人気のタレントさんがいますが、彼女などは、「自分に今ストレスがかかっている」と私たちが感じたときに、ぜひ真似してみたい良いお手本だと思います。

安定した優雅な動きで知られる象の耳は、体の表面の三分の一をカバーし、遠くの音をよく聞き分け、その脳は、哺乳類の中でもとりわけ記憶力に優れているそうです。小学生の子どもたちと一緒にやるなら、「パオーン！」と声に出しながら、象の家族になって遊んでも楽しいと思います。一つの動きで、見る・聞く・書くと同時にバランスも整えてくれる、お得なブレインジム「エレファント」も、ぜひ自分用体操メニューの定番に加えていただくことをおすすめします。

10 明るく前向きな自分を呼び起こすツボ——ポジティブポイント

❖「前向きさ」を呼び起こすツボ

ここまで、楠の木学園の生徒たちが、ブレインジムをすることで、明るく元気な自分を育てていけるようになってゆく様子をお伝えしてきましたが、勉強についていけないと感じていたり、友だちと仲良く過ごすやり方がわからなくて困ったりしている生徒たちにとっては、「体操をしましょう！」と言われても、「とてもそんな気分にはなれません」ということは、実はよくあります。この本を手に取って、ここまで読んでくださったみなさんにも、きっとそんなやる気になれなくて、調子の出ないときがあることと思います。

そんなときに試してほしいのが、安心や冷静と共に、今の社会にぜひとも必要とされる「前向きさ」を呼び起こすための動きです。その名は、ポジティブポイント！（ポジティブのツボ）。この体操も、やはりやり方は簡単です。

❖ポジティブポイントのやり方

両目の瞳の上を、額のちょうど真ん中辺りまでたどってゆき、人差し指・中指・薬指の先でそっと触ります（写真23）。例によって、最初は水分を補給することから始め、ブレインボタンとクロスクロールが必要だと感じたら、先にそれらをしてください。

この体操を紹介すると、「えー、おでこに触っているだけで、体操らしくない」という声を耳にすることがありますが、それは今のところ落ち着いて、バランスのとれた状態にある人たちの反応です。もしそう感じる人がいたら、「おまえは今日も、なかなかよく生きているよ」と、自分をねぎらってあげてください。

今のみなさんとは逆に、浮世の荒波に揉まれて呑み込まれそうだと感じている人からは、全く違った反響があります。「いくらがんばったって、わからないことばかりで、どうせ自分はダメなんだ」と、学業不振にあえいでいる子どもたちが、時折、そう話してくれますが、彼らにポジティブポイントを試してもらうと、「気持ちいい」「おでこの上がドキドキしている」という気づきがあります。

ところで、ストレスが大きくなると、自分でおでこに触ることすらできないこともあります。そんなときは、誰かにポジティブポイントをそっと押さえてもらいながら、同時にフックアップをしましょう（写真24）。本章で最初に紹介した、ブレインジムの入門編ともいえる「ペース」（78頁）の四番目「フックアップ」も、キーワードは「ポジティブ」でした。この二つのポジティブな動きの組合わせは、落ち込んだり、パニックを起こしたりした人が、混乱から抜け出すことを力強く応援してくれる、楠の木学園でも使用頻度の高い、野球で言えば〝リリーフエース〟のような存在です。

もし、あなたのピンチが自分の存在に関わるくらいに深刻だと、そのピンチを、あなたの体が感じているときには、おでこにズキズキと痛みを伴っていたり、左右の拍動がずれて交互に出ていたりします。この「人のおでこの触り方＝ポジティブポイント」をお伝

写真23　ポジティブポイント

両目の瞳の上を，額のちょうど真ん中辺りまでたどってゆき，人差し指・中指・薬指の先でそっと触る

写真24　ポジティブポイントとフックアップ

ストレスが激しくて，自分でおでこに触れないとき，ほかの人にポジティブポイントをそっと押さえてもらいながら，同時にフックアップをする

えした方からは、不思議なくらいに、「あのあとすぐに、左右のポジティブポイントが、交互に拍動しているケースに出会いましたよ！」という声をお寄せいただくので、本書をお読みのあなたにも、ひょっとするとそんな機会があるかもしれません。

❖脳の特別に大切な部分に働きかける

私が、楠の木学園で、生徒や大人のおでこを触らせてもらっているなかで気づいたのは、触っている自分も、いつもより多くの水分が必要になるということです。人のおでこを触った瞬間に、喉がカラカラになったと感じることもあります。もし、そんなことがあっても、心配はいりません。私たちは、周りの人と協調することができる生き物ですから、この突然のように起こる渇きも、きっと私たちが相手の身になっているからこそであり、自分たちが学びを深めてゆく道筋で必要なことなのです。いつも傍に水を用意しておき、自分が渇いたと感じたら、相手にも水分補給を促しながら、「大丈夫ですよ。（あなたの大変さは）わかっていますよ」と応援しながら、安心へと向かうサポートをしてあげましょう。

長くても三分ほどで、おでこの拍動が微弱になってきますので、そのタイミングで、「今どんな感じがしますか？」と声をかけると、つい先ほどまで、「どうせ自分なんてダメだ」と訴えていた当人が、「自分のできることをやればいいんだ！　ベストを尽くします」と、内側で起こっている前向きな変化を言葉にしてくれるようになります。

ポジティブポイントで触れている額の骨の、その奥には何があるかというと、ここは大脳新皮質の前頭葉といわれる部分です。私たちは、自分の内側に欲求や衝動が起こったときに、それにただ従うのではなく、必要とあれば、個人的には真っ先にやりたいと感じていることを後回しにしてでも、今自分がやるにふさわしいと思うものを選択することができます。生きてゆくためには、うまくいかないことや、それに伴うストレスがつきものですが、前頭前野は、欲求や衝動と折り合いをつけて、私たちが理性的に行動することを可能にする、いわば理性の座であるといわれているところです。また、創造的な活動をしているときには、前頭葉からβ波という波長の脳波が盛んに出ているという研究もあります。

実際に脳の中で何が起こっているのかを解明するのは科学者の仕事で、私たちの日常に直接、関わる問題ではないかもしれません。けれども、人間の額の辺りは、そっと触れて活性化してあげると、「前向きで肯定的に感じる力を呼び起こし、周りを励ますことのできる人へと、私たちが育つことを手助けしてくれる、特別に大切なところだ」と、私はブレインジムを実践しながら感じています。明るく前向きな自分を呼び覚ます必要を感じたときには、どうぞみなさん「ポジティブポイント」を思い出してください。

第Ⅴ章

「体操きらい、やりたくなーい！」と言う人がいたらどうする？

ブレインジムでは、どんなときも楽しく体を動かすことが大切だと考えます。ですから楠の木学園でも、体操するときは、いつも明るく和やかな雰囲気づくりを心がけています。ワクワクしながら体を動かすことによって、頭まですっきりとしてきて、短い時間動いただけでも、集中力が高まり、学びに向かう準備が整うからです。

一方、やる気と結びつかないまま体を動かすことによって、私たちに何が起こるかというと、動くことに対する反感が生じてしまうことがあります。「できることなら動きたくない」と感じながら、気が進まないままやらされても、学びの準備体操としてのブレインジムは、あまりその効果を期待できません。

楠の木学園でも、できれば動きたくないという人は少なからずいて、その対応に気づかいが必要とされています。中には、「体操」という言葉を聞いただけで、眉間にしわを寄せて、「やりたくなーい」と訴えてくる人もいます。みんなと一緒に動くことが難しい人がいたら、どうすればいいのか？　楠の木学園での試行錯誤の様子をご紹介します。

1 見ているだけでもいい

❖ 目を合わせられない苦しみに気づく

「運動は苦手だから、体操なんてやりたくない」。入学式の次の日、新入生の中に一人、そう言ってぷいっと横を向いてしまう人がいました。朝のホームルームで体操する時間は五分ほどですから、座って待っていてくれるなら、窓の外でも眺めていてもらえば、あっという間に終わります。幸いほかの生徒たちは、ほぼみんな一緒に笑顔で動いてくれているので、とりあえず彼（E君としておきます）には、「見学していてください」と言いました。そしてしばらく、日頃の様子を観察させてもらったところ、E君の抱えている困難の大きさがわかってきました。

E君の目の動きは特徴的で、あちこちきょろきょろと落ち着きなく、飛ぶように動いているかと思うと、興味のあるものをジーッと見続けていました。教師が話しかけているときは、そわそわと目線が定まらずにいるのに、休み時間には、女子生徒のほうを凝視していたりするので、これでは「怪しからん奴」と思われかねません。E君の目は、本を読むときには、ページの中央付近をぴょんと飛び越えて動いていました（27頁）。目の前にいる教師のほうに集中して、両目で焦点を合わせるということが、彼にはとても難しい課題だったのです！　一方、ときどき女子生徒のほうを凝視していたのは、彼女たちの背景の壁に貼ってあった虫のイラストに目を魅かれていたからでした。

話しかけられても相手の目を見ることができずに、まるで磁石の同じ極同士が反発しあうように、目線を反らしてしまうこのパターンは、この後、読み書きに困難があるほかの生徒たちにも起こっていることがわかってきました。この頃の私は、生徒が目を合わせないことを「好ましくないこと」と感じていましたが、彼ら、彼女らが目の動かし方で苦労していることに気づいてからは、この感じ方が変わりました。

たとえ私のほうに顔を向けずにいる人がいても、そんな人が感じているであろうストレスまで思い描けるようになり、心に余裕を持って対応できるようになってきたのです。さらに、彼ら、彼女らの様子に注意していると、私たちが日頃、難なくやっている、聞いたり、触ったり、そして、動いたり、バランスをとったりといった活動が、彼ら、彼女らにとっては、大きなストレスを伴うものであることがわかってきました。同じ教室にいて静かに座っていてくれるだけでも、大きな努力を必要とする協力的な態度なのだと思えるようになってきたのです。

❖一緒にいるだけで沁みこむもの

そして、その後もE君の体操見学はしばらく続きましたが、ある日の連絡ノートに、E君のお母さんが、こう書いていたのです。「昨日、私は疲れていて、息子についきつくあたってしまいました。すると息子は、『そんなにイライラするなら、水を飲んでこの体操をすればいいんだよ』と、楠の木学園で毎日習っているという運動のやり方を教えてくれました」。そこには、わが子が、落ち着く体操をしっかり学んでいることに対する、お母様からのお礼の言葉が述べられていたのです。そして、驚いたことには、何とその日の朝から、「それでは次はブレインジムでーす」と、友だちに朗らかに声掛けしながら、一緒に体操するE君の姿が見られるようになったのです！　一年以上の時間が必要でしたが、ほとんど毎朝、体操の時間は外を眺めていたように見えたその同じE君が、いつもどおりの順番で、友だちの間を行き来しながら、みんなの動きをリードしてくれるようになったのです。

この経験のおかげで、私は人が一緒にいることの意味を、明るく力強いイメージと共に感じられるようになってきました。私たちが楽しく体操していることが、たとえ一緒に動いていなくても、そばにいる人の体に、まるで沁みこんでゆくかのように、しっかりと身についてゆくのです。

たとえすぐにブレインジムの体操をしたくない人がいても、その場にいることだけで、それはその人なりの関わり方だと思ってください。「ありがとう、今日も一緒にいてくれて！」。私は心の中で、そう生徒たちに声掛けしながら、体操するようになりました。もし動きたくない人がいても、余裕のある人は、その人の分まで楽しくペース（ＰＡＣＥ）や、ほかのブレインジムをすることで、自分たちを活き活きとした存在へと、活性化してゆきましょう！

2 体操が苦手な人のためのリズミックムーブメント
――まずは背中をリラックス

❖ブレインジムに楽々とは取り組めない人たち

「誰にでも簡単にできる学びのための準備体操」として、これまで私は、ブレインジムを生徒たちに教え、学校の先生方や保護者のみなさんの勉強会でも、そのやり方をお伝えしてきました。一方で、第Ⅱ章で紹介したような独特な見え方や聞こえ方を伴って周囲の環境を感じている子どもたちの中には、ブレインジムを始める以前に、みんなと同じ空間にいるだけで、へとへとに疲れてしまう人がいることもわかってきました。彼らの多くは、第Ⅲ章で紹介した五つの原始反射のほかにも、成長の過程で統合されていけば、学齢期にはもう見られなくなっていいはずの反射のパターンを、いくつも持ち続けていました。

そこで、放課後や休み時間などに、静かな落ち着いた空間で、彼らと一対一でブレインジムを試してみました。すると、クロスクロールをやろうとしてワンサイドクロールになってしまったり、レイジーエイトの∞の形を、指先で描いて目で追うことが、なかなか思うようにできなかったりしました。彼らは、すぐに楽々とブレインジムに取り組める状況ではなかったのです。友だちがみんな楽しそうに参加しているブレインジムを、自分がうまくできないとしたら、そのショックは決して小さいものではありません。私はそんな人たちのために、ブレインジムの前に、もう一つ準備体操のようなものができないものかと考え、「リズミックムーブメント」という、原始反射の統合にも役立つといわれている動きを試してみることにしました。

❖ リズミックムーブメントのやり方

仰向けになっている人の足の指先、足首や膝を持ち、揺さぶってあげることからはじまるリズミックムーブメントの動きには、強いリラックス効果があります（写真1）。リズミカルな振動が波のように全身に伝わり、初めて体験した人のほとんどが、「気持ちいい！」と目を細めながら口にしてしまうほどです。

この受動的な動きをしばらく続けながら、今度は膝を立てて、自分一人でもリズミカルに背中を揺すぶり続けられるようになっていくことを目指して、少しずつ練習してゆきます（写真2）。やってみるとわかりますが、手足の運動ならともかく、仰向けに寝た状態で胴体を揺するというのは、慣れないとなかなか難しいものです。一、二回なら何となくできますが、なめらかに五回、一〇回と動き続けられるようになるまでには、人によっては一年以上かかることもあります。周囲の大人は、辛抱強く、明るく励まして、子どもたちが、自分のペースで動きを身につけていくように、応援してあげましょう。

仰向けになっている人の足の指先，足首や膝を持ち，
揺さぶってあげる（写真は足の指先を持つ場合）

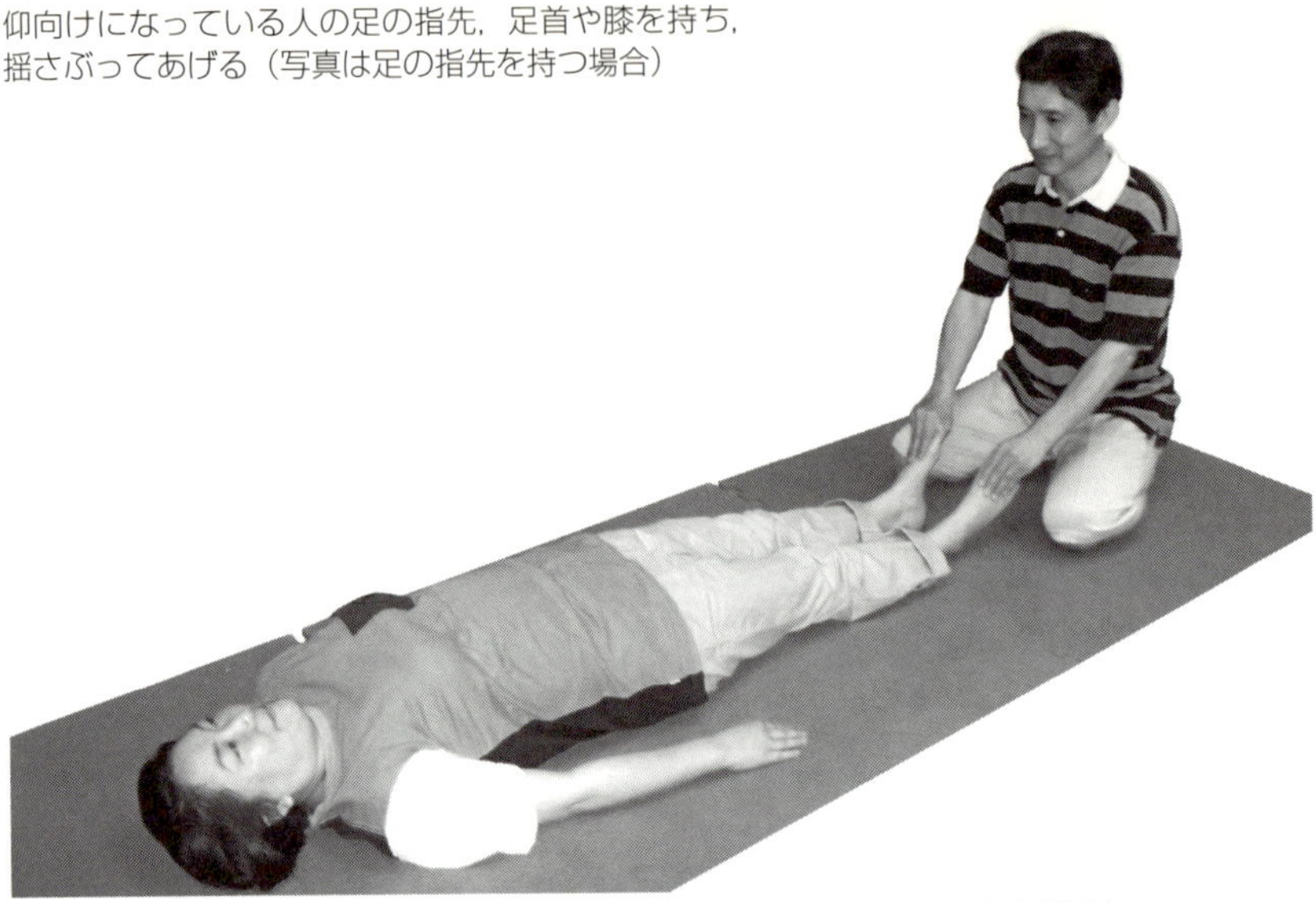

写真1　リズミックムーブメント（補助してもらう場合）

膝を立てて１人でもリズミカルに背中を揺すぶり続け
られるようになるまで練習する

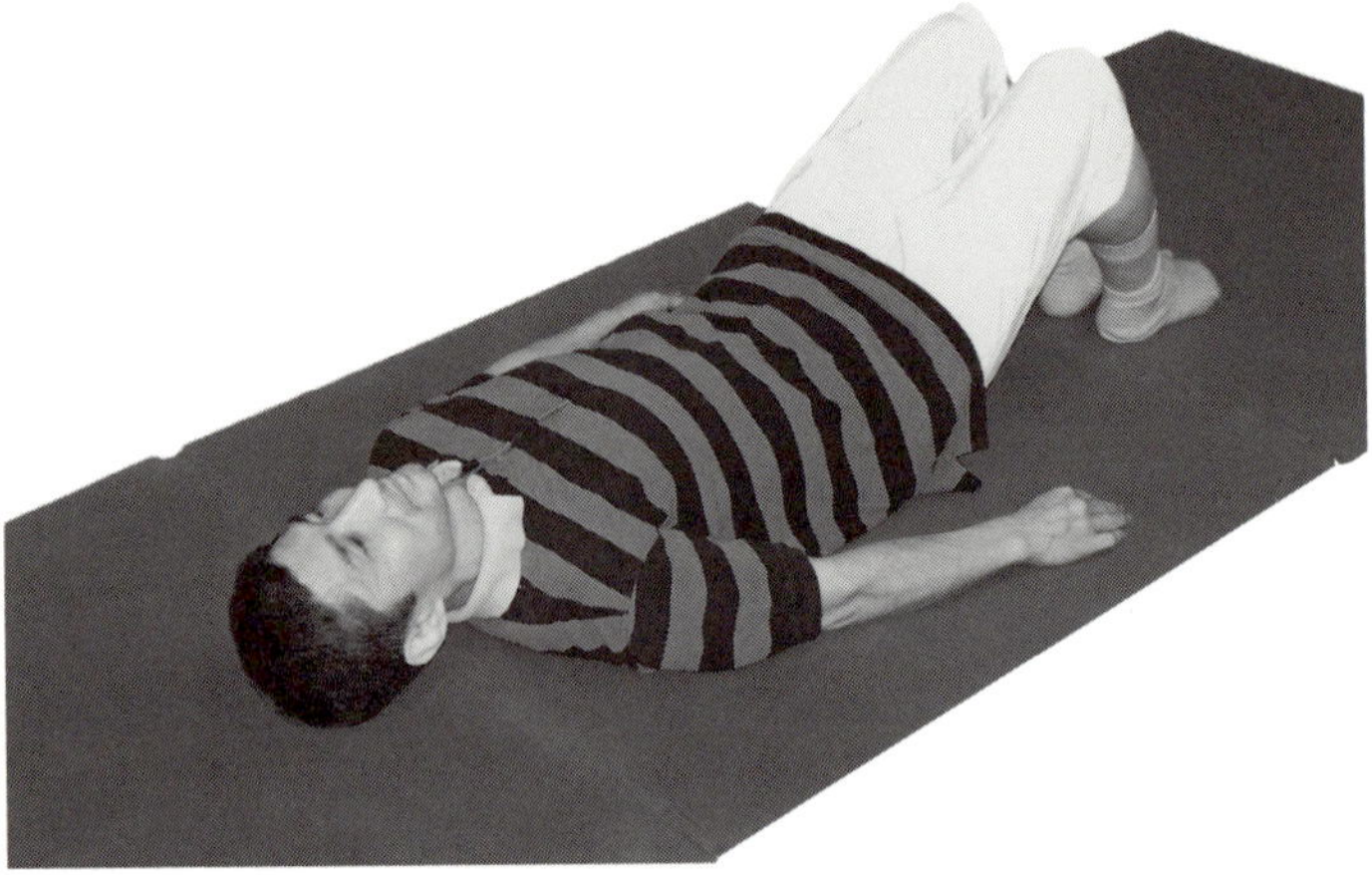

写真2　リズミックムーブメント（１人でやる場合）

「みんなで一緒に体操するなんてムリ！」という人たちも、この動きだけは参加を嫌がりません。彼らの反応は、どんな様子かというと、水を飲んでひと息入れるときによく聞かれる「はーっ」というほっとした感じの長いため息が、全身を揺さぶっている間に、よく彼らの口からもれ聞こえてきます。ひとしきり動いた後に、「終わりにしよう」と言っても、みんなその場を離れようとしません。背中の緊張がほぐれて、全身が楽に感じられるようになるので、「このまま寝ていたーい」という気になるようです。実際に、はじめて二、三分ほどで、寝息を立てている人もいます。

ブレインジムと同様に、リズミックムーブメントも、体で動きを覚えると、体の余計な所を緊張させることなく、リラックスした状態でリズミカルに動き続けることができるようになってきます。今までできなかった動きが、流れるようになめらかに続けられるようになっていく過程で、生徒たちはみんな、まるで古い殻を脱ぎ捨てて自由に羽ばたくことを覚えた蝶のように、すっきりと解放された明るい笑顔を見せてくれるように変わってゆきます。そして、音と動きに溢れた教室の、にぎやかな雰囲気のなかにいても、落ち着いてゆったりとした呼吸ができるようになると共に、少しずつその場にいられるようになってゆきます。以前は、とてもみんなと一緒にはできそうもなかったブレインジムも、気がつけば朝の日課の一つになっているのです。

❖「ブラブラ体操やってます」と言う生徒が増えている

生徒たちにとっては、「リズミックムーブメント」という言葉は、あまりなじみがなかったようで、「先生、あのブラブラする体操、また教えてください」と、自分たちがつけた名前で呼んでいます。家にいるときでも、ブレインジムがうまくできないときや、疲れた自分に気がついたときは、「ブラブラ体操やってまーす」という人が増えてきて、自分を整えるための道具として使いこなしてくれています。

毎朝の歯磨きと同じように、この動きを習慣にして続けている生徒たちのなかには、「最近は、全然転ばなくなったし、なんかたくさん歩いても疲れなくなった！」と、笑顔でその成長ぶりについて教えてくれる人もいます。また、「小学生の頃は、こわくてボールを使った遊びには入れませんでした」という別の生徒は、ドッジボールに参加しても「ボールがどこから飛んでくるのか見えるようになった！」と、自分に起こったうれしい変化の様子を報告してくれました。

生徒たちの姿勢を伸び伸びと軽やかなものへと変化させて、動きを楽しむという、本来、私たちが持っている能力を開花させてくれるリズミックムーブメントは、今やブレインジムと共に、楠の木学園の生徒たちを励まし、その成長をサポートするために、なくてはならない「応援ツール」となっています。

3 リズミックムーブメントと原始反射

❖ 赤ちゃんの動きの観察を元にしたリズミックムーブメント

リズミックムーブメントは、赤ちゃんの動きの観察を元にしてつくられています。誕生前後の赤ちゃんは、発育を促進するためにある独特な動きを見せてくれます。これが原始反射です。原始反射の働きと、それが子どもたちの学びに影響を及ぼしている様子については、第Ⅲ章で五つほど例をあげて紹介しました。

本来の原始反射の使命は、乳児期に発現して、赤ちゃんが、三次元空間での体の使い方を学びながら成長してゆくことを助けるためにあると考えられます。そして、二足歩行を始める頃になると、今度は姿勢反射という大人になってもずっと機能し続ける反射が現われるようになり、原始反射はいわばお役御免になって、徐々に見られなくなってゆくはずなのです（脳や脊髄に損傷を及ぼすような深刻な事故に遭ったり、パーキンソン病が進行してくるときなどには、それまでに見られなかった原始反射の動きが、再び活発に見られるようになることがあるので、原始反射はなくなるのではなく、姿勢反射がその上に積み重なるようにして現われてくることによって、下に埋もれてゆくと考えるといいのかもしれません）。

例えば、誕生から半年頃までの赤ちゃんには、顔が横を向くと、その同じ側の手足が自動的にまっすぐに伸び、反対側の手足は縮むという非対称性緊張性頸反射（ATNR。Ⅲ章の対称性緊張性頸反射〈STNR〉とは別の原始反射）の動きが見られます。赤ちゃんが左を見れば左腕と左脚がまっすぐに伸びますし、同時に右の手足は縮まります。次に右を向けば、右の手足でも同じことが起こるのです（図1）。

この動きを繰り返すことで、赤ちゃんは空間の左右を感じられるようになってゆきます。右側と左側の違いがわかることは、後に利き手が決まってゆくときにも大きな意味を持ってきますし、右と左を分ける正中線を、自分の中心として感じられるようになることにもつながってゆきます。これは、三次元の広がりを持つ空間を、自分の体の動きと結びつけて感じられるようになるための大切なステップの一つなのです。

図１　非対称性緊張性頸反射（ATNR）
赤ちゃんが左を見れば左腕と左脚がまっすぐに伸び，同時に右側の手足は縮まる。次に右を向けば，右側の手足でも同じことが起こる

また、手を伸ばした先にあるものをつかみ、口に運ぶ動きの繰り返しによって、自分と周りにあるものとの距離を感じ取り、空間の奥行きを体で学んでゆくのです（もし子育て中に、私がこのことを知っていたら、わが子が手を伸ばした先にあるものを「はいどーぞ」と先回りして取ってあげるような関わり方は、決してしなかったのに、と思います。悪気はなかったとはいえ、そうとは知らずに、余計な手出しをしていた自分の姿を思い出すと、ちょっと残念です）。

そして、生後六カ月頃には、成長のステップは「ハイハイを覚える」というさらなる高みへと移ってゆき、非対称性緊張性頸反射はその役目を終えるので、この頃になると、赤ちゃんが横を向いても、そちらの手足が伸びるという、反射が現われることはなくなってゆきます。もしこの反射が、ハイハイをしようとしたときにも、まだ起こってしまうとなると、赤ちゃんは、ふと見たほうの手足が伸びてしまうので、動きをコントロールすることや、ハイハイを身につけることは、とても難しいことになってしまいます。

赤ちゃんが目についたものに手を伸ばし、つかみ取るという動き一つを見ても、原始反射の働きが、自らの体を育て、成長のステップを積み重ねてゆくうえで、大きな意味があることがわかります（「立てば歩めの親ごころ」というのも、大人の素直な気持ちではありますが、それが子どもたちの成長を急かすことになってはかわいそうです。大人は、赤ちゃんが、自分のペースで、必要なだけ時間をかけて、這うことを覚え、やがて立ち上がり、歩き出すことを学べるような環境を、できる限り整えてあげるように心がけたいものです）。

❖ブラブラ動きは学び直し

楠の木学園の生徒たちが見せてくれる、日頃の何気ない動きの中にも、並んで歩いていると、顔を向けて話しかけている人のほうにどんどん寄って行ってしまったり、自転車に乗れないか、もしくは気をつけていないと、まっすぐに走ることが難しいといった、この非対称性緊張性頸反射の名残りを色濃く持っている人たちの特徴が見え隠れしています（本を読むときに頁の真ん中辺りがうまく読めないというのも、実は非対称性緊張性頸反射を持っている人たちによく起こります)。

生徒たちはリズムに乗ってブラブラと体を動かすことを、気持ちいいと感じています。自分に必要な動きを気持ちいいと感じることができる、この体感覚を頼りにしながら、赤ちゃんだった頃に盛んにやっていたはずの動きのプロセスを学び直してゆくと、原始反射の動きが学びの妨げになる現象は、徐々に減ってゆきます。笑顔で学び、友だちと語らいながら過ごせる時間が増えてゆき、気がつくと、教室でみんなと一緒にブレインジムに取り組んでいる姿を見せてくれるようになっています。

(スウェーデンの精神科医師 Dr.H.Blomberg によるリズミックムーブメントのプログラムは、「Blomberg Rythmic Movement Training」として近年日本でも講習会が開かれるようになり、普及が進んでいます。私も講習会に参加して、学びを続けています。本章で紹介した、入門編の仰向けの動きのほかにも、横向きやうつ伏せ、四つん這いなど、さまざまな体勢でのリズミックムーブメントの動きを学んでいく場です。日本でも、リズミックムーブメントに興味を持ってくれる人が増えてゆくことを願っております。)

第Ⅵ章

ブレインジムの効果を確かなものにするコツ

ブレインジムの体操を楽しく繰り返しているうちに、楠の木学園の生徒たちは、それまで自分が慣れ親しんできた、目や耳、体の使い方を、より楽な形へと変化させてゆきます。例えば、クロスクロールでなめらかに手足が正中線を越えられるようになると、自分の動きの中心が背骨にあることが感じられるようになります。その結果、背すじが伸びるようになり、猫背が、徐々に目立たなくなってゆきます。肩や首、背中や脚の筋肉も、緊張がほどけ、伸び伸びとしてくるのです。するとと、上半身と下半身の動きにつながりが見られるようになり、全身が一つになって、日常の立ち居振る舞いにも、落ち着いたきれいな動きが見られるように変わってゆきます。楽しく、楽に生きるための体の使い方が身につくと同時に、生徒たちの感じ方や考え方、そして、友だちや大人とのつき合い方にも、明るさや、礼儀正しさが見られるようになってゆきます。

私たちの周囲の大人は、ブレインジムの体操が引き出してくれるこれらの成長と変化の現われを、楽しみに心待ちにしていることはとても大切です。なぜなら、子どもたちは、私たち大人が注目している、その同じところに、自分でも焦点を当てて、大事にそこを育てようとするからです。

ここまで、さまざまな生きづらさを抱えながらも、明るく前向きに生きようとする子どもたちの応援ツールとして、楠の木学園で、ブレインジムが、生徒たちの成長を支えてくれている様子をお伝えしてきました。締めくくりとなる本章では、ブレインジムの体操と水をちびちびと飲むことの効果を、いっそう確かなものとするために、子どもたちの成長を支援する立場の大人として、知っておくと役に立つ「目のつけ所」について紹介させていただきます。

1 ポジティブな言葉遣いを大切にする

❖ ポジティブな表現が体と心を安定させる

ブレインジムの体操は、私たちの体のさまざまな部位をリラックスさせて、全身を楽に感じられるようにしてくれますが、このことは、私たちの心の構えにも影響を及ぼします。「今のままじゃダメ、もっと頑張らなきゃ、これじゃ満足できない」というように、否定的な自己表現が多く、自分になかなかOKを出すことができないでいる人は、ふくらはぎが固くこわばっていたり、肩や首に痛みや凝りが見られたりすることがよくあります。体のこわばりは不安な心とも結びつきやすいようで、彼らは、自分の考えに自信が持てず、決断を恐れ、何か新しいことに挑戦する場面では、こわさが先に立ってしまい、なかなか一歩を踏み出す勇気が湧いてきません。お腹の調子も安定しない人が目立ちます。週に何度も腹痛を訴える人もいます。

そこで、肩や脚の緊張は、アウル（92頁）やカーフポンプ（104頁）、フットフレックス（109頁）などでゆるめてあげる一方で、ポジティブポイント（121頁）やフックアップ（74頁）で明るく軽やかな自分を呼び起こすようにします。そして、前向きで軽やかな、さらに、わかりやすくて元気の出る言葉の使い方を、合わせて練習してゆきます。すると、「だめだ、できない」と言う代わりに、「私は今、学んでいる最中です」と言ったほうが、自分にふさわしい言い方だと気づいたり、「△△が嫌いだ」という人は、「（「△△が嫌い」ではなくて）○○が好きだ！」と言い換えたりできるようになってゆきます。

「がんばって、できるようにならないといけない」と身構えていた人たちから、命令形や否定形の表現が少なくなってゆき、「自分が楽しくできるペースで学びます。そのことにベストを尽くします」と楽に構えて、課題に取り組めるように変わってきます。そして、少しずつ「わからないこともまだあるけど、今日、私はよくやっていたと思う。自分をほめてやりたい」とポジティブな表現で自分を認め、励ませるように変わってゆきます。相手の目を見て話せることも増えてきます。落ち着いた聞き取りやすい声で話せるようにもなります。

このように肯定的な言葉遣いで自分を応援する心の姿勢がしっかりと育ってゆくと、同時に、お腹の調子も安定してくるケースがよく見られます。笑顔でいられる時間が増えてくると、まるで安心とつながる回路が自分の中に新しくつくられたかのように、「よしよし私、よくやっているね！」というポジティブな声掛けを自分に対してできるようになり、自分の課題に落ち着いて取り組んでいけるようになってゆきます。生徒たちの言葉遣いが、その成長と共に変化してゆく様子を見ていると、安心することと生命感覚の機能には、強いつながりがあることが感じられます。

ですから、もしわが子に、体と心が安定して結びついた大人に育ってほしいと思うのならば、その子の良いところに注目して、ポジティブな言葉遣いで、「あなたはすばらしい人です。あなたがいることは私を勇気づけてくれています。こんな素敵なあなたと一緒にいられて、私はなんて幸せなんでしょう！」と、家族として一緒にいられることを共に喜びながら、育ててあげることが、一つの有効な手段と言えるでしょう。

❖人を変えるには自分の言葉遣いを変えることから

生徒たちが、その成長と共に、ポジティブな言葉を自由に抵抗なく使えるようになってゆく様子を見ていると、「言葉はその中に人間を教え育てる力をもった、まさに言霊《ことだま》なんだ」ということを実感できます。

でも、みなさん、どうぞ気をつけてください。「言葉を大切にしよう！」と、思春期の子どもたちに直接的に働きかけても、すぐにこちらの意図が伝わるとは限らないからです（むしろ、そこには反発や抵抗が多く見られることがあります）。子どもたちは私たち大人の口にする言葉よりも、何を考えて、どんな行動をとっているのかという生き方のほうをよく見ていて、そこをまねしてくる習性がありますから、その点をうまく利用させてもらいます。

まずは、私たちが自己教育として「言葉遣い」に意識的に取り組むことが、彼らに伝えたいことを、彼ら自身に汲み取ってもらうための無理のないやり方です。楠の木学園では、ポジティブな言葉遣いを心がけることは、「大人のたしなみ」と考えて、自分たちの言葉の使い方に、日々、気をつけるようにしています。ブレインジムの体操が、体を活性化してくれているのと同じタイミングで、ポジティブな言葉掛けをしてもらうと、まるでそれは「心の体操」のように作用して、不安を消し去り、安心を育ててくれます。

2 静的バランスをとることに注目する

❖動的バランスと静的バランス

シンキングキャップ（88頁）やエレファント（117頁）のやり方をしっかりと体で覚えると、ちょっと体操しただけで、体は敏感に反応するようになってゆきます。聴覚や平衡感覚、そして、運動感覚の機能が向上してくるので、乗り物酔いも起こりにくくなります。ちなみに、平衡感覚（バランス）を感じ取るのは、耳の奥の内耳（迷路）にある三半規管です（31頁）。

ところで、「自分はどちらかというと運動が得意で、よく体を動かすほうだ！」という人たちの中にも、乗り物酔いになる人がいます。「運動が好きな私の三半規管は、しっかり機能しているはずなのに、それでも、私が乗り物酔いになりやすいのは、なぜだろう?」。これは、運動好きな人たちには、ちょっと気になる問題かもしれません。

彼らと試しに動きの実験をしてみます。床にまっすぐに二～三mの長さで目印のビニールテープを貼り付けて、その上を歩いてもらいます。歩きながら足が目印のテープから横にずれ落ちないように、気をつけます。このとき、スタスタと早足で進むのではなく、一歩に五秒くらいかけてゆっくりと歩きます。

面白いことに、早足なら楽にまっすぐ進めていた人でも、亀の歩みのようにゆっくり行こうとすると、途端にグラグラと揺れだして、中には足を踏み外してしまう人も出てきます。動的バランスと、静的バランスでは、体の反応が違ってくるのです。運動好きだけど乗り物酔いするタイプの人たちは、走ったり飛び跳ねたりするときの動的バランスではなく、姿勢を保ったり、ゆっくりと動くときの静的バランスの活性化が、どうやら必要な様子です。

この綱渡りを真似した動きが、静的バランスのチェック法として使えることを、知り合いの大道芸人の方から教えてもらいました。舞台上で、水平に張られたワイヤーロープの上に、まるで彫像のように静かに立ち、滑るように進んでゆく彼の姿に、ややもすると、日常の生活に疲れて、重く沈んでしまいそうになる自分の背中を、励まし、勇気づけてくれる、重力とは反対に作用する、いわば「軽力《けいりょく》」を、私は感じました。

本番の舞台の合間に、〝私が彼の動きを見ていて、その静かな彼の姿に感動したこと〟を伝えると、彼はロープの上に立ち、自分の足に触ってみるようにとすすめてくれました。驚いたことに、彼のそのしなやかなふくらはぎの中では、まるで無数の生き物たちが前後左右に行きかっているかのように、すべての筋肉が複雑に絡み合いながら動き続けていたのです。静かに止まっているかのように見えたその全身の筋肉が、ひとときも休むことなく微細な動きを続けることでバランスをとっていたのです。

静的なバランスを感じ取れるようになるということは、実は自分の中でたくさんの動きが組み合わされて、それが一つになった状態を感じ取れるようになった、ということです。それは、豊かな動きを続けながらも、見た目にはまるで止まっているかのようにバランスのとれた状態です。この発見は、生徒たちにブレインジムの体操を指導するときに、大いに役に立ちました。

❖ブレインジムで静的バランスを整える

第Ⅳ章に載っているブレインジムの中から、この静的バランスを整えてくれる動きを探すならば、グラウンダー（99頁）やカーフポンプ（104頁）、それにクロスクロール（71頁）です。それらをゆっくりとやるようにすれば、とても効果的な動きとなります。平衡感覚を活性化して、乗り物酔い対策にもつながりそうです。

もし、グラグラする感じを恐れたり、不快に感じていたりする人を見かけたとき、まず何をするべきかと言えば、水が足りているかどうか、自分でチェックしてもらうことでした。「そういえば私も水が必要です」と、親御さんや先生が、自ら水を飲んでいる姿を見せてあげながら、「あなたの体は今敏感に反応していますね」と、グラグラや不安が誰にでもよく起こる現象であることをさりげなく伝えてあげて、みんなでブレインジムをやりましょう（グループでブレインジムの体操をする利点は、このように、すぐにブレインジムの体操ができない人がいても、お互いを支え合って、なんとかブレインジムを続けられることです。友だちの存在に感謝です）。

やがて、その不安定な状態を楽しめるようになると、グラグラする感じは、鳴りを潜めてゆきます。そして、お腹に深く息を吸い込んで、ゆっくりと吐き出しながら、まるで太極拳の型やお能の舞台を見ているような、ゆったりとした流れるような動きと共に、グラウンダーやクロスクロールができるようになってゆきます。

グラグラする不安定な状態に、大きなストレスを感じてしまうという、平衡感覚に余裕がない状態の人たちからは、「変更が苦手です」という声をよく聞きます。天気の良い日に、みんなで公園に散歩に行こうと誘っても、いつもの授業がなくなってしまうことのほうが、彼らには不安なのです。

一方、彼らがゆっくりとしたブレインジムの動きを身につけることで、静的バランスの活性化がうまく進んでゆくと、それまでは予期せぬ変更に対して、まるで大波に飲み込まれそうな小舟に乗っている人のように、不安と悲しみの表情を見せていたその同じ人の口から、「変更？　ああ、人生に変更はつきものですからね」と、余裕のある言葉が聞かれるようになってゆきます。平衡感覚の働きは、体のバランスを整えてくれるだけでなく、心の安定した働きにもつながっているようです。

❖ 体は小さな筋肉の集合体とイメージする

ですから、子どもたちと公園に出かけて、もし、彼らが、「レンガ積みの花壇の縁を歩くから、手をつないでほしい」と言ってきたら、それはグラグラした感じを楽しめるくらいにまで、彼らの平衡感覚が、しっかりと育っていることを意味しています。体のバランスが、心の安定へとつながるのだとしたら、たまには、ちょっと危険そうに見える遊びに、つき合ってあげてもいいのかもしれません（ここまで書いて、私が小さかったときに、親の止めるのも聞かずに花壇の柵に登り、そこから落ちてケガをしたときのことを思い出しました。挑戦にはいつもリスクがつきものなので、みなさん、どうぞ自分たちの責任の及ぶ範囲で、安全とのバランスにも気をつけながらお試しください）。

体を一つの大きな塊としてイメージしてしまうと、静的バランスを保つことは、外側から常に支え続けなければならない息の詰まるような困難な課題に思えてきます。反対に、体とは小さな筋肉がたくさん集まってできていて、それがいつも目に見えないくらいに小さく揺れ動いていることで、静的バランスが保たれているのだとイメージすると、どうでしょう？　腕と肩、足と腰、頭から手足の先まで、体中で部分と全体のつながりが楽に感じられて、呼吸も深くお腹まで息を吸い込めるように変わってきます！　たとえ子どもたちが、不安が強くてこわがりで、変更が苦手な状態にあったとしても、ポジティブな視点を忘れずに、「この子たちの静的バランスは、伸びしろが大きいぞ！」、そう自分に言い聞かせながら、楽しく一緒に動き続けましょう。

3 ブレインジムを遊び感覚で楽しむ

❖楽しむことで、できるようになる

子どもたちは、体を動かす遊びが大好きです。遊びは、新しいものを創造すること、つまり、昨日できなかったことを、今日こそはできるようになろうという挑戦の連続です。たとえ、思い通りできないことがあったとしても、遊びならば、すぐに諦めたりしません。子どもたちの自発的な遊びには、大人が目を見張るほどの工夫と粘り強さが見られます。そして、「やった、できた！」という体験を積み重ねてゆくことは、「自

分は何でもできる有能な人なんだ」という自信を培うことへとつながってゆきます。

一方、楠の木学園の生徒たちの中には、体育は苦手なものとして、小中学校時代を過ごしてきた人が少なからずいます。彼らは、ブレインジムにマイペースで取り組んでいるうちに、筋肉を緊張させすぎることがなくなり（力みがなくなり）ます。自分の動きを感じとることが楽になってくるので、今自分の周りに何が起こっているかも、感じ取ることが楽になります。そして、以前はボールがどこから飛んでくるのかわからなくて、こわいとしか感じられなかったバスケットボールやサッカーなどの球技にも、参加する勇気が持てるようになってきます。

そうなると、楠の木学園の体育で必修科目となっている大道芸にも、楽しく取り組んでくれる生徒の数が増えてきます。これまでお手玉や皿回しなんてやったこともない人がほとんどなので、大道芸は、新入生にとっては初めて目にする光景です。お手玉は、両手で三個のボールを∞の形に動かし続ける遊びです。先輩たちが笑顔で三つ玉を操っている姿に、新入生は、最初はただ驚くばかりですが、そのうちに「自分にもできたらいいなあ」という憧れと共に、ボールを手にするようになり、やがて、「できるようになりたい」という願望につながってゆきます。そして、いつの間にか「運動きらい、新しいことに興味ない」といっていた古い自分は影を潜めて、「あともうちょっと！」と、ワクワクしながら練習を積み重ねてゆく活き活きとした姿を見せてくれるようになります。やがて、「できた！」と叫ぶ瞬間がやってきます。

❖「できる」奇跡は伝染する

ここで面白いのは、皿回しや三つ玉ができるようになった人のそばで、次々と「私もできた！」という声が起こることです。うまくできるようになるときのこの連鎖反応を初めて見たときには、私も驚きましたが、何度も同じ現象が起こっているその場に居合わせているうちに、これも私たちが一緒に学ぶことの意味の一つだと、感じられるようになってきました。うまくできる人のそばには、どうやらうまくゆく雰囲気のようなものがあって、この雰囲気は、そばにいる人たちにも、良い影響を及ぼしてくれるのです。だから最近は、感動することは後回しにして、「みんな、上手にできている人のそばで、練習してください。上手さを分けてもらいましょう！」と声掛けして、子どもたちがつくり出してくれる期間限定の上達のチャンスを、効率よく利用することを心がけています。

自発的な取組みのなかで、楽しみながら「できた！」の瞬間を積み重ねてゆくことによって、生徒たちは次の成功も予感するようになります。さらに、この「できた！　体験」を自分のペースで繰り返してゆくことで、「私はやろうとしたことをできる人なんだ」と、自分を肯定的で自由な人間としてイメージする習慣が身についてきます。

最初の頃は、「体育はきらいです」と言って、体を動かすことに苦手意識の強かった人たちが、遊んでいるうちに動きと楽しさが結びつくようになり、やがて、動くことに自信が持てるようになるのです。楠の木学園の地元、小机のお祭りで、生徒たちは、お声が掛かれば、舞台に立って皿回しやお手玉の芸を披露するほどに、たくましく自分を育ててゆく姿を見せてくれるのです。

楽しく動けば、それは遊びへとつながります。ワクワクしながら体を動かすことが習慣になるように、子どもたちと一緒にブレインジムの体操するときには、どうぞ明るく楽しい雰囲気づくりを大切にしてあげてください。そうすることによって、彼らの運動感覚（自分の動きを感じ取る感覚）は、ますますよく働くようになり、運動好きで、自分を自由な人間だと感じる大人を増やすことにつながるからです。

4 反抗期に反抗できることを評価する

❖ブレインジムの視点から反抗期のわが子を見る

楠の木学園では、教育に関する相談をお寄せいただく機会があります。そのなかで、中学生、高校生のわが子が学校に行きたがらなかったり、反抗的だったりするので困るという声を耳にすることが、しばしばあります。親御さんにすれば、ちょっと前までは、天使のように可愛かったわが子が、野太いかすれ声になったり、いつの間にか上から自分を見下ろすほど大きくなったりして、何か注意をすれば、「うるせえ、クソババア」などと言い返してくるようになったとしたら、確かにそれはショックな出来事だろうと思います。

ところで、反抗的なわが子について見つかるのは、困った側面や否定的な側面だけでしょうか？　ブレインジムでは、肯定的な言葉遣いや感じ方を大切にするので、この視点を活かして、反抗期にもわが子に何か良いところがないものか、探してみましょう。

「お父さん、お母さん！　あなた方のお子さんは、思春期になりました。『自分はいったい何者なのか』という問いに取り組めるくらいにまで成長したお子さんは、自分と周りの環境との関係を推し量ろうとしています。周りにいる家族や友だちや先生は、どれだけ自分に影響を及ぼす存在なのか、尊敬に値する人は誰なのか、そんなことにも関心があるのです。今や、これまで自分を守り、育ててくれた家族に対しても、自分に向かって批判的な働きかけをしてくると感じたならば、遠慮なく反抗できるくらいにまで、しっかりと自分というものが育ってきているのです。これはみなさんが、子どもを守り育てる保護者として、ここまでかなり良い仕事をしてきたからこそです！　まずは、自分たちのことをよくやった！　私たちはここまでにわが子を育ててきたんだ、とほめてねぎらいましょう！」。そんな話をさせていただくこともあります。

ストレスがかかった状態でいると、視野は狭まり、呼吸も速まり、冷静に考えることが難しくなるのは、大人も子どもも同じです。そんなときに、横から「自分たちにも良いところがあるんだ」と言われたりすると、意外に感じる方も多いようで、「そんなことは思ってもみなかった」と涙ぐむ方も、中にはおられます。

自分たちがここまでよくやっているのだということを確認したら、さらに、自分たちを支えるために、ここで大きな力となるのは、同じ境遇にある親仲間です。親同士が、子どもたちのいないところで愚痴をこぼし合うのは、とてもいいことです。面白いことに、わが子に関してはまるで良いところなど見つからなくても、親仲間の話のなかで、よその子の良いところは、簡単に見つけられたりするのです。困ったときには、仲間の力も借りながら、子育てという偉大な事業の難所を乗り越えていきたいものです。

「自分とは何者か？」という、思春期には誰もが一度は抱くであろう問いは、自分のことを意識的に感じられるようになるまでは、抱けるものではありません。そして、しっかりと目覚めた意識のなかで、自分を感じられるようになるために、まずは体の内側と外側を区別する触覚が、しっかりと機能するまでに発達してくれていることが、その基礎となります。

❖「体験としての栄養」がなければ子どもは育たない

感覚器官はお互いに織りなすようにして機能していますから、たとえば、触覚だけ刺激して、それを育てることはできません。何かに触れれば、同時に、そこには動きやバランスが伴います。暑さ・寒さの感覚も、匂いも、色や音、そして、快・不快の感覚も、同時につながり合いながら、関わっています。感覚器官からの豊かな刺激は、体と心がその密接なつながりを保ちながら育つために、なくてはならない、いわば「体験としての栄養」です。ですから、子どもたちが、安心と共にワクワクしながら遊べるような環境を整えてあげることは、思春期にしっかり反抗できるまでに自我が育つことを支援するうえで、とても大切なことなのです。

もし、これらの感覚器官からの刺激が得られなかったとしたら、どうなるのでしょう？ 極端な例ですが、一三世紀の神聖ローマ皇帝フレデリックⅡ世の実験は有名です。彼は、〝新生児を集めて、必要最小限の栄養や世話しか与えなかったら、成長した子どもたちは、何語を話すようになるだろう〟ということに、興味がありました。そこで、赤ちゃんたちは、言葉を話しかけられることや、目線を合わせてもらうこともなく、もちろん、抱っこしてあやしてもらうことも、子守唄を聞かせてもらうこともなく、養育されたのだそうです。感覚器官からの豊かな刺激が、織りなすよう受け止められることで、子どもたちは、その成長のステップを積み重ねていくのだということを、みなさんはすでにご存じですから、この実験が、いかに子どもたちにとって過酷なものであったか、ということを、感じていただけると思います。かわいそうな赤ちゃんたちは、言葉を話すようになる頃まで、誰も生きることがかなわなかった、ということです。

たとえ食事は十分に与えられていたとしても、そこに、愛情と共に、動くことを楽しみながら育ててもらえる環境がなかったら、子どもたちは、その成長に必要なだけの「体験としての栄養」を得ることはできないのです。

思春期を生きるお子さんたちが、その急に長く伸びた手足を持て余すようにして、あちこちにぶつかりながら、張り出してきたアゴを不満そうに突き出して、批判的な態度で、大人たちが眉をひそめるような言葉を並べることもあるでしょう。私たちは大人として、そういうときにこそユーモアのセンスを問われているのかもしれません。彼らの理不尽な態度を、クールにたしなめながらも、心のすみでは、「よしよし、この子は内側と外側を区別する力がついてきて、反抗期に周りにぶつかれるくらいにまで、育っている。私たちはこの子の成長に必要な環境を、ここまでよく整えてきたぞ！」と、正当な評価で、自分たちをほめたたえることも忘れないようにしましょう。

思春期に反抗期が重なるのは、いわばそうあるべき「健康な成長のパターン」をたどっているわけですから（人間は多様な生き方が可能な種族なので、反抗期を二〇歳以降にもちこすことも可能ですが、そうすると反抗期が長くなるようで、家族も本人もどうしても苦労が多くなります）、理不尽な主張をする子どもたちと日々付き合ってゆく保護者や先生方の健闘を、私たちは社会として一丸となって応援し、彼らの幸運を祈りながら、子どもたちの成長にもエールを送ってあげましょう。

参考文献

『ブレインジムと私』ポール・デニッソン著、石丸賢一訳、市民出版社、二〇一〇
『こころのりんしょう à·la·carte』二〇一一年三〇号四号、特集 ブレインジム、星和書店、二〇一一
『トラウマからの回復—ブレインジムの「動き」がもたらすリカバリー』S．マスコトーバ・P．カーリー著、五十嵐善雄・五十嵐郁代・たむらゆうこ監訳、星和書店、二〇一三
『教育の基礎となる一般人間学』ルドルフ・シュタイナー著、新田義之訳、イザラ書房、二〇〇三
『シュタイナー医学原論』L．F．C．メース著、佐藤公俊（編訳）、平凡社、二〇〇〇
『才能と障がい—子どもがもたらす運命の問いかけ』ミヒャエラ・グレックラー著、村上祐子訳、涼風書林、二〇〇九
『魂の保護を求める子どもたち』トーマス・J．ヴァイス著、高橋明男訳、水声社、一九九三
『子どもが三つになるまで』カール・ケーニッヒ著、そのだ・としこ訳、華書房、一九九二
『脳のなかの水分子—意識が創られるとき』中田力著、紀伊國屋書店、二〇〇六
『それでも人生にイエスと言う』V．E．フランクル著、山田邦男・松田美佳訳、春秋社、一九九三
『右？ 左？ のふしぎ』Henri Brunner 著、柳井浩訳、丸善出版、二〇一三

あとがき

ブレインジムには実は全部で二六の体操があります。本書では、その中から、楠の木学園の生徒たちが日々楽しく取り組んでいる様子と共に、一二の体操と水の大切さについて紹介しました。勉強や運動を始める前の準備体操として試していただければ、「動きは人の心と体を活性化して、学びの扉を開いてくれる便利なツールだ」というブレインジムの考え方を、みなさんにも、きっとご理解いただけることと思います。

ブレインジムをするのに特別な場所も、そのための準備も必要ありません。「ちょっと疲れたな」とか、「ストレスを感じるな」と思うことがあったら、合間に水分を補給しながら、一分ほど体操をしましょう。ブレインジムの動きは、一度身につけば、どれも必要なときには思い出すことができます。また、自分のペースで体操することは、私たちが安心して、笑顔いっぱいの毎日を過ごすために、大きな助けとなってくれます。

もし、この本をきっかけにして、さらにブレインジムに興味を持ってくださる方がいらしたら、うれしいです。その節は、どうぞ日本教育キネシオロジー協会までお問い合わせください（http://www.edu-k.jp）。

「こんな体操があるよ！」と持ちかけた私につき合って、こちらのもくろみをはるかに超える成長ぶりを見せてくれている生徒たちと、「この体操は大人がやっても気持ちいいですね」と、明るく肯定的にブレインジムを認めてくださっているご家族のみなさま、そして原稿に目をとおしてアドバイスをくれたり、写真撮影や図の製作にまで協力してくれた楠の木学園の同僚と、ブレインジムのインストラクター仲間に感謝しております。それからとくに、私の作文を読みながら、「あなたは多分、こういうことが言いたいんじゃないの」と、自分でも何を考えているのかよくわからないことが多い私の意図するところを、まるで翻訳するかのように言葉に直してくれた妻の辛抱強い協力に感謝しています。あなたの冷静で、ときに辛辣なアドバイスがなかったら、右脳優位な私には、とてもこの本を最後まで書くことはかなわなかったと思います。

そして最後に、「楠の木学園の生徒たちがやってるブレインジム、面白いですよ！」といって文字にすることをすすめ、毎回のように締め切りに遅れ続けても、明るく肯定的な励ましをくださった農文協の松田重明さんに感謝します。あなたの助言はいつも私を勇気づけてくれる、ポジティブで、アクティブ、そしてクリアーでエネルギッシュな、まさにブレインジムの目指す「励ましの力」に溢れたものでした。

大勢の方に支えられて、形になったこの本の内容が、どうぞみなさんのお役に立つものでありますように！

神田誠一郎

■著者略歴■

神田　誠一郎（かんだ　せいいちろう）

1961年、東京生まれ。東京学芸大学（教育学部）保健体育科卒業後、1985〜1990年、ドイツ・シュトゥットガルト市で、シュタイナー学校の体育と担任教師養成コースに学ぶ。神奈川県相模原市の学校法人シュタイナー学園に3人のわが子を通わせている。

NPO法人楠の木学園・学園長、日本教育キネシオロジー協会理事。

ブレインジム
——発達が気になる人の12の体操　　健康双書

2014年9月25日　第1刷発行
2016年1月20日　第3刷発行

著者　神田　誠一郎

発行所　一般社団法人　農山漁村文化協会
郵便番号　107-8668　東京都港区赤坂7丁目6-1
電話　03(3585)1141(代表)　03(3585)1147(編集)
FAX　03(3585)3668　　振替　00120-3-144478
URL　http://www.ruralnet.or.jp/

ISBN978-4-540-14165-2　DTP製作／(株)農文協プロダクション
〈検印廃止〉　印刷／(株)新協

製本／根本製本(株)
Printed in Japan
定価はカバーに表示

乱丁・落丁本はお取り替えいたします。